数字经济时代的
旅游景区运营管理研究

王小平　著

吉林摄影出版社
·长春·

图书在版编目（CIP）数据

数字经济时代的旅游景区运营管理研究/王小平著. 长春 ：吉林摄影出版社，2024.7.--ISBN 978-7-5498-6296-2

Ⅰ.F590.6

中国国家版本馆 CIP 数据核字第 2024J0E104 号

数字经济时代的旅游景区运营管理研究
SHUZI JINGJI SHIDAI DE LÜYOU JINGQU YUNYING GUANLI YANJIU

著　　者：王小平
出 版 人：车　强
责任编辑：岳青霞
封面设计：豫燕川
开　　本：787mm×1092mm　1/16
字　　数：122 千字
印　　张：8.75
版　　次：2024 年 7 月第 1 版
印　　次：2024 年 7 月第 1 次印刷

出　　版：吉林摄影出版社
发　　行：吉林摄影出版社
地　　址：长春市净月高新技术产业开发区福祉大路 5788 号
邮编：130118
电　　话：总编办：0431－81629821
发行科：0431－81629829
印　　刷：北京银祥印刷有限公司

ISBN 978-7-5498-6296-2　　　　**定　　价**：65.00 元

前 言

随着全球社会数字化的发展，旅游业迅速成长为一个充满活力和不断升级的新兴产业，为当今世界最大的朝阳产业之一。伴随我国居民生活水平的不断提升，居民参与旅游活动的欲望及支付能力均不断增强。旅游景区是旅游核心吸引物和目的地，是展示旅游业整体形象的重要窗口，是监测旅游经济发展状况的风向标和晴雨表，在旅游业及经济社会发展中具有举足轻重的作用。旅游景区通过开发管理创造再生力是旅游系统自我控制的体现，标志着人类文明的巨大进步。景区运营管理是兼具理性思考与艺术灵感的创作，是融科学性、前瞻性、可操作性、创新性于一体的课程。随着大众旅游的到来，景区发展迎来新的机遇，但也出现新的问题，景区建设尤为必要与紧迫，景区的运营与管理也需要与时俱进，突出其实用性。

景区服务质量与管理水平，对于吸引消费者旅游、休闲、聚会、情感交流、消费至关重要，尤其是在数字化、智能化、新媒体传播的时代，优秀的景区服务与管理是提升景区、旅游企业竞争力的重要途径。景区服务与管理的本质是通过规范化、标准化、数字化、场景化来适应消费者个性化的旅游体验，因此，它也是一种服务创新活动，需要将景区资源有效的整合与拓展，对旅游企业的发展起到持续赋能的作用。

本书将理论与实践相结合，具有较强的应用价值，可供从事相关工作的人员作为参考书使用。由于水平有限，本书还有待进一步完善。希望广大专家、同行、学者及其他读者不吝赐教，提出宝贵的意见。同时，书中借鉴、吸收了国内外一些专家、同行的最新成果，在此一并表示诚挚的谢意。

目录

第一章

数字经济下的旅游业

第一节　数字经济的概述

一、数字经济的发展阶段

随着数字技术的迅速发展,数字经济的发展出现了三个阶段:第一阶段是 20 世纪 70 年代开始的“孕育阶段”,以数字嵌入技术和数字内容产品的产生为代表;第二阶段是 20 世纪 90 年代的“成长阶段”,这一阶段形成了对数字经济产业的基本数字技术支持体系;第三阶段是 20 世纪末期以来的“崛起阶段”,在此阶段中全球数字经济由技术向市场迈进,数字产品的交易与应用不断拓展。

(一)数字经济的孕育阶段

数字经济的外延产品先于互联网出现,然而互联网的迅猛发展加速了数字经济的成长和人们对数字经济的理解。计算机、嵌入式软件和网络技术的发展为数字经济的初步形成提供了技术支持。

以计算机、嵌入式软件和通信网络为基础的互联网的诞生是现代数字经济走入人们眼帘的标志性事件。

计算机和网络技术的发展为数字经济的形成提供了技术支撑,为数字产品通过互联网在全球范围内传播提供了孕育阶段的客观条件。换言之,TCP/IP 协议是数字内容产品孕育的一个标志,它的出现使得数字内容在互联网上出现及传播成为可能。

(二)数字经济的成长阶段

网络通信行业的基础设施建设为推动数字经济的发展奠定基础。网络通信行业的基础设施建设主要包括搭建网络所必需的计算机硬件制造,通信硬件、软件和服务。

(三)数字经济的崛起阶段

综合性信息网络的建成是数字经济形成的标志,数字工作者也应运而生,大量新的数字实践技能被不断挖掘,其对商业、政府甚至整个社会都带来了深远影响。数字经济引发的第三次浪潮创造新的市场,并提供资源和需求的流动渠道,因此,全世界的组织和个人都可以参与创新、创造财富和社会互动。例如,政府的数字化影响各项政府服务、监管程序、决策过程和治理制度,帮助社会公众通过数字化产品和技术广泛参与到政府事务当中,提高政府的效率、转变政府职能、降低管理成本。同时,一些关于网络发展的理论及相关的政策也为数字经济的发展起到了巨大的推动作用,比如梅特卡夫法则、摩尔定律、达维多定律以及数字商业政策等。这些理论的应用揭示了数字经济的基本特征:一方面有利于学者学习和研究数字经济的内涵;另一方面则便于决策者把握数字经济脉搏,完善相应的制度和法律保障,确保市场的健康发展。随着相关理论的深入和政策的完善,数字经济呈现崛起状态。

二、数字经济的概念

如今,数字经济几乎无处不在,它已经并将继续改变全球经济活动的模式与内容。数字经济是新通用技术变革影响的结果,它的影响远远超越了信息和通信技术部门的范畴,涉及了经济与社会活动的所有部门,如零售、运输、金融服务、制造业、教育、医疗保健、媒体等。它是通过全球化的信息互动和交流而实现的高科技经济。大部分数字经济的定义不仅仅是互联网经济(经济价值来源于互联网),同时还包括经济和社会活动所产生的其他信息和通信技术(ICT)。一般来说,数字经济是经济的一部分,主要是通过数字技术支持在互联网上进行商品和服务的交易。

数字经济是基于支持性基础设施(硬件、软件、电信、网络等)、电子化管理(一个组织通过计算机接入的网络进行流程管理)和电子商务(网上交易)的生产性或贸易性活动。经济合作与发展组织(OECD)认为数字经济是通过电子商务在互联网上进行商品和服务贸易的活动。数字经济由三个主要部分构成：支持基础设施、商务流程电子化（如何进行业务）、电子商务交易（在线销售商品和服务）。实际上数字经济的含义比较广泛，随着综合性信息互联网的建成，数字经济常被理解为以网络作为载体而产生的经济活动。如远程教育、远程医疗等，消费者不用与供应商面对面地进行货价交易，就能形成便捷、快速的经济活动。

数字经济与信息经济、网络经济、知识经济在概念上有近似之处，但又不尽相同。知识经济是依赖于知识和信息的生产、传播和应用的最为基础的经济形态；数字经济是信息经济和网络经济形成的基础经济，知识经济的发展为信息经济、网络经济的形成提供了条件；网络经济是指基于因特网进行资源的生产、分配、交换和以消费为主的新形式的经济活动；信息经济是以现代信息技术等高科技为物质基础、信息产业起主导作用的，基于信息、知识、智力的一种新型经济。信息经济与网络经济最终反哺知识经济，更有利于知识和信息的生产、传播及应用，三者并不是阶段性或矛盾的出现，而是影响经济发展的关键性原因所在，三者的交织融合逐步实现了向数字经济的过渡。知识的不断积累是当今世界变化的基础，信息产业、网络经济的蓬勃发展是当代社会发生根本变化的催化剂，数字经济是发展的必然结果和表现形式，由此不难看出这几个概念相辅相成，并构成了最终的数字经济内涵。

综上所述，数字经济是建立在数字技术基础上的生产、消费和交易等经济活动。

第二节 旅游业的数字化转型

一、传统旅游业的脱胎换骨

制约我国旅游发展的因素有很多，主要体现在制度不完善、体验性差、信息化程度明显滞后于行业整体发展速度等方面。与此同时，硬件和软件等方面也仍然存在问题，比如旅游信息资源分散，共享能力差，旅游信息资源开发水平低下，服务不够人性化，旅游信息技术相关人才存在大量缺口等也是行业未来发展的瓶颈。另外，交通、住宿、餐饮、旅游景点等资源配置和利用也呈现不均衡的问题。

（一）传统旅游业遭遇发展瓶颈

我国历史悠久、幅员辽阔，旅游资源也因此相当丰富。旅游逐渐走进寻常百姓家是从20世纪80年代开始的，但最初仍然属于奢侈消费，普通人的参与度不高。在传统旅游业中，旅游信息受到传播方式的限制。游客获取途径主要是传统报纸、广播和旅行社的纸质资料，旅游信息非常浅显且多处于单向传播的状态。消费者只能获取最基本的信息，比如旅游路线、交通工具、价格等。因此，传统旅游行业最大的痛点，归根结底还是信息化程度低，以及其导致的信息不对称、产业链运行效率低下，线上线下难以无缝结合，市场诚信体系无法有序建立等问题。

一方面，就自身来说，传统旅游业信息严重不对称导致乱象频生，每当像黄金周这样的小长假来临时，旅游问题总是占据着各大媒体的头版头条。因此，迫切需要利用互联网、大数据等手段提高传统旅游服务质量。因为互联网本质就是消除信息不对称，我们甚至可以畅想随着未来区块链技术的成熟和普及可以让信息更加透明，从而使旅游行业运行更加规范有序，给游客带来更好的旅行体验。

另一方面，就外部环境来说，以电商为代表的新型旅游对传统旅游业产生了巨大冲击。在电子商务还没有成为主流平台之前，大多数的人外出旅游所需的相关信息主要来源于旅行社，但是现在人们信息的获取来源越加广泛，比如在线旅游平台甚至是社交平台。人们挑选和订购产品都是通过线上完成的，而传统旅游行业注重线下的商业模式受到了前所未有的冲击。曾经随处可见的旅游行业的实体门店如今已被大大小小的旅游电商平台取代。

与此同时，电子商务催生了个性化旅游的趋势。互联网技术的应用为各行各业积累了大量有价值的数据，在此基础上可以对游客提供更加个性化和定制化的服务。另外，在互联网时代，供应商整合资源的能力也大大提高，而提供个性化服务的成本大大降低。这就不难理解为什么近年来定制旅游可以迅速发展，且日渐呈现主流化趋势。但是这样的趋势对于行业来说又是一次全新的洗牌，原本强势的大公司也凭借自身的数据、资金等资源优势可以进一步扩展自己的版图。但是对于中小企业来讲，由于数据的局限导致其定制化产品也许无法很好地对接市场和消费者需求，因此面临着被收购甚至是破产的风险，但是洗牌也是机遇和挑战并存的，中小企业也有可能在这样的变革阶段实现“弯道超车”。

（二）智慧旅游助力传统旅游业突破瓶颈

智慧旅游是在信息化智能化的时代背景下，通过物联网、云计算、大数据等最新技术，充分提高感知和利用信息的能力，及时传递、整合、交换和利用旅游目的地的各种信息，如经济、文化、公共资源、生态环境、饮食、生活、旅游、购物、娱乐等，使物与人、人与人、物与物之间的关系更加紧密。这样可以大大提高政府和企业的旅游管理水平，提高企业的服务和运营效率，为广大游客提供极大的便利，增强旅游业的体验。这些优势使智慧旅游成为下一波“互联网＋旅游”的发展热潮。

智慧旅游强调旅游与信息技术的融合，搭建智慧旅游平台，利用“互联网＋”的方式介入传统旅游产业。通过沉淀大数据，打造旅游大数据等方式为旅游业的各方参与者提供优质服务。智慧旅游的核心竞争力是通过数据分析获取消费者的市场需求，只有把准市场的脉搏，才可以为目标人群开出对症的药方。

目前智慧旅游系统主要包括以下几个组成部分：第一，智能导览。只要打开手机的定位功能就可以通过手机 App 或者微信给自己定制个性化的旅游路线并提供沿途景点的语音讲解。第二，虚拟拍照系统。游客只需站到蓝色背景墙前，选择自己喜欢的景点，根据面前的显示屏调整好拍照位置和姿势，通过手势选择拍照即可。第三，游客互动系统。比如南京博物院的一个展厅里面，放置了很多触屏的背景。进行一些问答类小游戏或者信息咨询等互动，可以回答一些与展厅展览的主题或展品相关的益智问答之类。第四，客流分析系统。客流分析系统最大的作用就是可以分析出单个区域的客流人数、客流密度和客流方向。如果密度超过一定数值的时候，就很可能会引起踩踏事件的发生，这就需要及时对人群导流，同时合适的客流密度也会为游客带来更好的旅行体验。

虽然智慧旅游的应用已经逐渐成为行业发展的共识，但是其自身依然存在不可忽略的短板和瓶颈，可以简单归纳为以下几点：第一，数字景区建设没有科学实用的规划和总体框架，没有适合不同层次、不同类型景区的完善建设和运营模式。如自然风光类景区和历史人文类景区对智慧系统的要求是各不相同的，但现在的数字景区系统大部分无法因为实际情况进行“私人定制”，因此在智能性上会大打折扣。同时，市场上的各大智能旅游平台提供商所提供的产品和相关服务上存在明显的同质化倾向。基于其无法适应市场多元化需求的现状，在未来的发展过程中，各个企业可以考虑深耕垂直领域的发展路径，从“大而全”向“大而专”过渡。第二，中国智能旅游项目的规划、建设、投资和运营大部分都是由当地政府主导。许多数字景区的建设和日常运营维护的资金需要得到充分的保障。因此，未来可以广泛吸引市场和社会力量的参与，拓宽资金来源的渠道。第三，我国还没有形成统一的数字景区建设标准体系和行业规范，致使不同标准之间的不协调性和不兼容性的问题更加突出。整体的信息系统缺乏协同与共享，“信息孤岛”现象仍然频频出现。因此，未来的发展需要打破现存信息壁垒，实现产业链各环节的互联互通。

虽然经过梳理后发现智慧旅游的未来发展依旧布满荆棘。智慧旅游本身作为一个新事物，也代表着传统旅游业在互联网时代的未来发展趋势，其出现到成熟总要经历漫长的过程，相信在经过市场洗礼和社会检验后会逐步走向完整化。

二、“互联网＋”旅游新玩法

对于旅游行业来说“大数据”和“互联网思维”的出现，为传统旅游业注入了新动能。传统旅游业在经历了高速发展的阶段后，市场逐渐趋于冷静，而互联网的加入重新定义了旅游行业。

互联网与传统的旅游业融合发展已经越来越成为一种不可阻挡的趋势，这也是新的时代特点对传统旅游业提出的要求。随着我国旅游市场的主力消费人群逐渐向青年一代倾斜，在线旅游市场渗透率会进一步大幅度提高。

与此同时,现代旅游业一直高度依赖大数据、人工智能等技术,用其来满足大规模旅游迁移的需要。此外,互联网为打造全域化旅游服务体系提供了基础性和技术性的支持,也是推进旅游供给侧结构性改革的重要工具之一,同时有助于实现传统旅游企业由最初的独享转化为全行业的共建共享。我国旅游业通过运用互联网、人工智能、大数据等新技术将全国乃至全世界消费者的旅游消费需求和现存的服务供给相结合,打造"全域化""全球化"旅游服务体系,并取得积极进展。

(一)平台化旅游

随着互联网的普及,人们对于互联网的使用度和依赖性远胜于以前。比如,人们越来越喜欢利用互联网来规划自己的假期旅行。随着顾客的需求,在线旅游服务变得更加复杂和多元,"平台化"特征日益明显。

随着互联网走进千家万户,用户群体越来越庞大,消费习惯越来越成熟,在线旅游市场将出现一个巨大的长尾。最明显的表现就是消费者对旅游产品差异化和个性化的需求越来越旺盛,旅游平台逐渐代替旅游电商成为用户的首选。这一现象的实质就是互联网技术的不断成熟和互联网精神不断渗入旅游行业。

市场中存在两大阵营:一是以携程、艺龙、途牛等公司为代表的传统OTA(Online Trave Agency,在线旅行社)企业。二是以阿里旅行、去哪儿网为代表的在线旅游平台。在以上两个阵营中,OTA公司专注于线下产品的开发,从商业模式来看,这一阵营更像传统的旅游公司借助互联网进行了渠道整合。相比之下,阿里旅行(飞猪)和去哪儿网等平台服务提供商拥有更加纯粹的互联网基因,并且真正做到了轻资产,将注意力专注于线上平台建设。线上数据的积累使它们对客户需求更加敏感,平台灵活的商业模式使其更容易整合各类渠道商和旅游产品。从本质上来看,OTA更加倾向于是一种在线旅行社即作为代理商直接与酒店或航空公司等产业链其他环节合作,来赚取巨额利润的商业模式。类似飞猪和去哪儿网等旅游平台,它们倾向于通过整合行业内的中小OTA企业的产品信息,然后面向用户提供各个OTA的线上销售的服务,是连接传统

OTA企业和消费者的一种桥梁和渠道。

总体而言，虽然OTA公司在网上旅游行业一直占据着不可取代的地位，但是在线旅游平台的迅速发展使这些公司看到自身的缺陷，以携程为代表的传统OTA企业也在悄然向在线旅游平台过渡。一方面，OTA本身拥有众多线下渠道，其思维方式与"重资产"的传统旅游企业有着千丝万缕的联系，一时难以适应新注入的互联网基因。另一方面，将原本以产品开发为核心竞争力的公司转化为以平台搭建为主的公司，其转型并不容易。

（二）社交化旅游

社交化旅游的概念是欧美兴起的，在国内的旅游领域还处于初级阶段，表现形式以团队游为主。随着消费者个性化需求的不断提升，自由行愈发成为一个趋势，而自由行又与社交旅游息息相关。比如，驴友之间的组织、游记的分享等。

"社交旅行"是指以旅游为载体，通过团队出游、社交平台分享等手段满足消费者社交需求的旅行方式。社交旅游的形式最早是伴随着社交平台一同出现的，通过更新旅行照片和游记的方式吸引用户。

社交旅游的实质是对生活质量的一种追求，因此用户对低价机票、低价酒店的关注度并不热衷，反而是关注更加适合自己、更具个性或更加新颖的旅游产品。这种旅行方式往往更受年轻人喜爱，而年轻群体对于社交平台的使用也是相对高频的。

因此，在社交类旅游产品的开发和设计过程中会着重考虑时下年轻人的需求，并结合当下最受年轻人欢迎的社交平台进行推广。

（三）定制化旅游

定制旅游是指以客户需求为中心，满足旅行者个性化体验需求的一种旅游方式。旅游企业通过与消费者进行深度交流和沟通，让他们全方位地参与到旅游线路的设计、旅游主题的拟定、配套服务的筛选等环节，并且由专门的旅游定制师根据专业知识提出意见，共同设计出符合消费者需求的高品质方案。由此在大量的定制服务中，寻找不同消费者的核心需求，并逐渐在此基础上进行模块化生产。

传统旅游的核心是旅游资源和渠道资源。如何精准地预测出消费者的出行需求，然后安排一系列的诸如酒店、航班、景区等配套设施，这是打造传统旅游产品的主要方式。但定制游彻底颠覆了这种方式，其核心从最初的资源转移到客户需求。因此，行业内在设计定制游过程中普遍遵循以下四个原则：首先是以客户需求为目标导向。其次是注重互动性，使消费者的意见和需求得到充分尊重和满足。再次是基于旅游市场消费者的复杂性，定制游要满足多变的需求。最后是要体现出明显高于传统旅游的水准，因此，定制游的成本普遍较高，且面对的人群也主要集中于中高端收入者。但未来随着模式的成熟，边际成本的逐渐下降，定制游会逐渐成为大众化的选择。

第二章

旅游景区的认知

第一节　旅游景区的概念及特点

旅游景区是旅游活动的核心和空间载体，是旅游系统中最重要的组成部分，也是激励旅游者出游的最主要因素，是一个国家人文资源和自然资源的精华。旅游业和旅游服务都是依附于旅游景区而存在的，旅游景区产品的开发和品牌推广也是以旅游景区的存在为前提和基础的。

一、旅游景区的概念

各个国家和地区为了迎合旅游需求，纷纷挖掘地区资源，设立各式各样的旅游景区接待游客。从形式上看，似乎有景、有游、有门票的区域都可称为旅游景区。“旅游景区”这一概念可以分为广义和狭义两类：广义的旅游景区几乎等同于旅游目的地；而狭义的旅游景区则是一个吸引游客休闲和游览的实体。

(一)旅游景区的概念

旅游景区是指具有参观游览、休闲度假、康乐健身等功能，具备相应旅游服务设施并提供相应旅游服务的独立管理区。该管理区应有统一的经营管理机构和明确的地域范围，包括风景区、文博院馆、旅游度假区、自然保护区、主题公园、森林公园、地质公园、游乐园、动物园、植物园及工业、农业、经贸、科教、军事、体育、文化艺术等各类旅游景区。

具体而言，旅游景区应具备以下三个条件：

1.具有旅游吸引力

任何一项旅游活动的进行都是建立在某种项目吸引力的基础之上的,景区中核心景物的吸引力是引发游客需求、激发旅游动机与促成游客进入景区的核心动力。这里的核心景物可以是一项人造设施,也可以是一处自然风光、一个人文建筑,还可以是一个人或是一个故事,或是一组上述景物的组合。

2.具有旅游服务功能

旅游者在景区内的旅游大致通过徒步、划船、乘坐观光车进行观光游览、品尝风味小吃、体验节事文化、感受异域风情等内容。景区内应建立起辅助游客完成旅游活动的各种硬性的设施、设备和软环境,如交通工具、休息设施、解说系统、安全环境等。设施设备是否齐全、环境的优劣和服务水平的高低直接影响到旅游者旅游体验的好坏。

3.有限的地域空间范围

从旅游景区的经营管理角度而言,旅游景区具有一定的规模和范围,这种范围的界限可以是一个自然实体,如山林、江河等,也可以是一个人工的隔离物。从游客观光、欣赏的角度而言,旅游景区在明确的地理分界以外,还应有一个缓冲地带,这个缓冲地带可以让游客在此感受景区的某种文化,甚至可以在某个站位看到景区内的部分景物。如昆明的翠湖景区游客可以在白石围成的景区周边看到红嘴鸥在湖水上嬉戏。

(二)旅游景区的相关概念

1.旅游景点和旅游景区

国内学者对“tourist attraction”这一英文词组的翻译是“旅游景区”或“旅游景点”,多数学者将旅游景区和旅游景点视为一个概念的不同说法;有的学者对其做了详细说明,认为空间范围大的旅游景点即旅游景区。从字面上看,景区和景点是面和点的关系,不能将其混为一谈:旅游景点是构成旅游景区的单位;旅游景区是由单个旅游景点或多个旅游景点构成的地域。例如,岳麓山旅游景区就包含了“爱晚亭”“古麓山寺”“岳麓书院”等旅游景点。

2. 旅游资源和旅游景区

凡能够对旅游者产生吸引力的自然因素、社会因素或其他任何因素都可构成旅游资源，大体分为自然旅游资源和人文旅游资源两大类①。旅游资源是构成旅游景区的“素材”，是旅游产品的核心内容；旅游景区是旅游资源要素和其他要素有机组合形成的地域空间。另外旅游资源既包括已经开发利用的，也包括未被开发利用的；既有有形的，也有无形的；既有物质的，也有非物质的(如非物质文化遗产)。但旅游景区必须是已被开发利用的、有形的和物质的，也就是说旅游资源只有经过开发并在交通可达性已解决及服务硬件和管理软件都齐备的情况下，才能形成综合吸引力，也才能对旅游业的发展产生实质性的影响。

3. 旅游目的地和旅游景区

旅游目的地是一个从旅游者角度而言的地方，是一个与旅游客源地相对应的名词，含义宽泛，既可以是具有某个特定功能的旅游胜地，如西湖；也可以是某个可以进行旅游活动的城市，如西湖所在地杭州市；甚至可以泛指整个国家。由此可见，旅游景区的地理区位在旅游目的地的范围内。

二、旅游景区的特点

(一)空间的地域性

地域性是指任何形式的旅游景区必然受到当地的自然、社会、文化、历史、环境的影响和制约。地域性表现在旅游景区的差异上，一种景观、一种戏曲、一种饮食、一个民族都体现了地域的差异，这种差异形成了不同地域的特色。认识和理解地域性有助于在旅游景区品牌的定位中明确方向和目标，在确定了地方风格之后，可以从三方面对本地的特征着手研究和分析：一是对自然地理特征的研究。一个地方是否在地理特性方面具有与其他地区截然不同的特征，或者占有特殊地位，这些都有可能被强

① 李天元. 旅游学概论[M]. 7版，天津：南开大学出版社，2014.

化为地方性，成为吸引旅游者的事物。二是对历史文化特征的研究。对地方的历史过程进行观察分析，寻找具有一定知名度和影响力的历史遗迹、历史人物、历史事件和古代文化背景，作为地方性的构成要素。三是对现代民族民俗文化的研究。在历史记载和考古发现尚不充分的地区，同样可以通过对当地现代民族文化和民俗文化的考察分析，提炼出有地方特色的景观特性。特别是在一些少数民族集中地区，民族文化往往构成具有旅游号召力的精彩内容，为旅游景区品牌形象的设计和旅游目的地的营销打下坚实的基础。

（二）产品的可创性

旅游景区的可创性是指旅游景区并不是一成不变的、呆板的，一些旅游景区是可以根据人们的意愿和自然的规律进行创造、制作而再生、再现的。可创造性是旅游景区的重要特征。如苏州的园林，是我国私家园林的典型代表，虽然这些私家园林规模较小，但园中奇石秀水、亭台楼阁、珍树奇花，无不典雅秀美，且能以小见大，仿效自然，显“移天缩地”之功。旅游景区的可创造性给我们以下启示：其一，随着时间的推移，人们的兴趣、需要以及时尚也随之发生变化，这使得旅游产品的创新成为必要和可能，如某一旅游景区的内容、形式不断变化和创新，就可以形成新的旅游产品，使旅游景区得以持续发展；其二，在传统旅游产品相对固定的旅游景区，为了发展旅游业，可根据当地的经济实力结合新业态的发展需求，有针对性地开发研学旅游产品、亲子旅游产品等。

（三）功能的整体性

旅游景区的整体性是建立在旅游资源整体性基础上的。旅游资源的整体性就是指一种旅游资源与另一种旅游资源之间，旅游资源和社会自然环境之间，都存在着内在的深刻联系，它们相互依存、相互作用、互为条件、彼此影响，构成了一个有机整体。因旅游资源是整体的，所以决定了旅游景区的整体性。从自然景区角度看，西北地区的黄土高坡、荒漠地形和气候，形成了独特的动植物水象景观；南方众多的瀑布、河流和葱郁的森林植被，种类繁多的珍稀动物及适宜的气候共存于一体。从人文景区角度看，正是非洲的热带环境氛围培育了热烈奔放的民族气质，形成了雄壮豪迈的自然、人文景观；东亚的温带环境则滋养了刚柔并济的民族风韵，形成了壮丽秀美的自然、人文景观。可见，这种自然和人类活动的交融影响和渗透，构成了旅游景区在更大范围内统一性、整体性的特点。

第二节 旅游景区服务

一、旅游景区服务概述

(一)旅游景区服务的概念

旅游景区服务是指景区工作人员借助景区的旅游产品、服务设施和服务技能，为旅游者提供便利的服务活动。旅游景区服务概念从不同角度理解，指向不同，从景区角度来看，景区服务是景区向旅游者提供的具有一定品质的无形产品，而且是重要产品，旅游者对服务的满意度往往比景区的风光景致、文化内涵更能影响其在旅游者心目中的形象，所以旅游景区的经营者要以服务为中心，服务质量是景区整体竞争力的重要内容。

(二)旅游景区服务的特征

1. 服务对象的差异性

旅游景区服务的是不同身份、职业、性别等不同的旅游者，不同旅游者群体差异明显，他们的消费需求和动机、兴趣、爱好等不同，但他们的共同目标都是希望得到优质的服务，因此，景区服务工作要想得到不同旅游者群体的赞许，是一件非常难的事情。

2. 服务产品的无形性

景区服务是无形的、不可储存的，而且具有看不到、摸不着的特点，它不同于实物产品是有形的，对于旅游者而言，景区服务在于旅游体验需求的满足和感觉，对于景区来说，它虽然也属于景区旅游产品的重要内容，但它是无形的。

3.服务内容的复杂性

景区的服务内容是多样性的、综合性的服务，从服务的表现形式来分析，景区服务可以分为硬件服务和软件服务，硬件服务包括旅游接待设施服务，如检票服务、设施设备服务、公共厕所灯具等，软件服务包括咨询服务和导游讲解服务等。从与服务对象接触的密切程度来分析，可以分为直接服务和间接服务，直接服务是指直接提供服务的设施（如游览、饮食餐饮设施）与人员服务，间接服务包括有关的设施（如通信、急救设施）与人员服务。旅游景区服务实际上是通过给旅游者提供一种愉悦的经历来完成的，要保证每一项服务都到位，每一个环节都顺畅，每一位旅游者都满意，这项工作是十分复杂的。

4.服务条件的多样性

对于不同景区来说，景区的资源和服务设施大不相同，即使是相同的景区，服务人员的素质也不尽相同，不能保证服务的同时性和相同性，因此，服务条件是多样化的。

二、旅游景区服务的内容

旅游景区提供的服务产品具有复杂性和综合性，它的服务内容也不尽相同，不同类型的景区如风景名胜区、主题公园、旅游度假区等的个性特点、景点内容、功能体系和所处区域不同，其服务内容也会有所不同，因此每一个景区的服务除了有一些共同之处外，还具有不同的风格和特点。旅游景区的服务内容主要包括景区咨询服务、票务服务、排队服务、讲解服务、商业服务等，景区的接待服务是旅游者对景区的第一印象，表2－1所示为不同类型的旅游景区服务的主要内容。

表2－1 不同类型旅游景区服务的主要内容

环节＼类型	风景名胜区	主题公园	旅游度假区
不同环节	索道服务	娱乐设施服务	养生、运动休闲服务
相似环节	票务服务、排队服务、咨询服务、讲解服务、商业服务		

(一)景区咨询服务

在大众休闲旅游时代,自由行旅游者越来越多,他们会通过各种渠道了解和咨询景区相关信息,旅游者咨询信息时一般会通过电话咨询、网络平台咨询和景区内直接当面咨询来实现,景区须为旅游者提供咨询服务。

(二)景区票务服务

票务服务主要包括售票服务和检票服务,售票服务是旅游者购买景区门票的过程,目前旅游者购买门票有通过网络平台、现场人工或智能售票机等,验票服务是景区检验门票和统计旅游者数量的过程。

(三)景区排队服务

排队服务是旅游者进入景区之前验票或参加景区内某一项活动时的等候环节,在游客密集时段,对于景区来说,排队服务是一个关键环节,旅游者排队过程中的引导服务可以缓解旅游者等待时的焦虑心情,并保证人群密集时的安全。

(四)景区讲解服务

景区讲解服务是为了使旅游者更好地了解景区而进行的景点知识内容讲解的过程,景点讲解服务包括人工讲解、电子导游讲解、智能讲解系统。

(五)景区商业服务

景区商业服务包括接待设施服务、住宿服务、交通服务、娱乐设施服务、纪念品服务、生活用品服务等。

三、旅游景区服务质量

旅游景区服务质量是指景区的以资源、设施、环境为基础的服务产品带给旅游者的感受,以旅游者满意度为衡量标准,景区服务质量包括硬件质量和软件质量,硬件质量指景区交通、设施、商品等实物的质量,软件质量指景区环境、工作人员的素质等无形产品的质量。

(一)旅游景区服务质量的构成

旅游景区服务是由不同的服务项目、服务岗位来实现的,因此旅游景区的服务质量是由各个服务项目和环节共同构成的,每一个服务项目和环节都是不可或缺的组成部分。

旅游景区服务质量可以由内部质量和外部质量来保证,内部质量主要指以内部员工为主导的服务生产率,外部质量是指旅游者为主的满意和忠诚度,景区内部服务质量直接影响外部质量的产生,而连接内外服务质量的是服务接触,服务接触是实现景区服务的重要环节。

(二)旅游景区接待服务三步法

旅游景区服务质量是由服务接触来实现的,服务接触的各个环节都有各自的核心服务,每个岗位和核心服务是不同的,但是服务接触的基本环节是相同的,每次服务接触都包含迎客、服务和送客的三个部分。

迎客是每位工作人员在看到旅游者时积极主动为其提供服务,并通过目光关注,微笑、语言问候来欢迎客人,确定旅游者向自己走来或途中遇到旅游者应主动关注对方,并向对方问候:“您好,欢迎光临。”

服务是景区服务接触的核心,此时对工作人员的要求是服务语言亲切和蔼、服务仪态标准规范、服务态度积极主动、服务内容专业到位,以上都会给旅游者留下直观的印象。

送客是服务接触的结束,是服务中的重要环节,是优质服务的品质收尾,一般要求服务人员在对游客服务结束时配合肢体语言说:“祝您游玩愉快!”

第三节　旅游景区管理

一、旅游景区管理的概念

(一)旅游景区管理的定义

旅游景区管理是对旅游景区的人、财、物、信息等多种资源进行有效整合,为实现旅游景区经济效益、社会效益和环境效益最大化,并实现旅游景区可持续发展的动态创造性活动。

(二)旅游景区管理的内涵

旅游景区管理作为一个统一体主要由两个方面组成:管理的主体和管理的客体。管理总是主体对客体的作用,客体又对主体产生反作用,从而促进管理的发展。管理的主体是指景区管理机构和管理者,通常由四个部分组成;决策者、执行者、监督者、参谋者。在管理中主体起着主导作用,决定和支配着客体的运动,因此,管理主体的主观能动作用就显得特别重要;景区管理的客体就是景区实体,包括景区人、财、物、信息、形象、景区的市场和业务,以及与景区业务和效益相关的所有方面。景区管理者的管理对象主要包括以下内容:

1. 人力:员工的能力、态度、情绪和士气等。

2. 物力:景区的设施设备、旅游资源、工具等。

3. 信息:市场信息、竞争情况、管理报表等。

4. 形象:景区的视觉形象、产品定位等。

二、旅游景区管理的基本内容

(一)旅游景区战略管理

发展战略是旅游景区长期发展目标能否顺利实现的关键,而科学的发展战略是景区发展目标得以顺利实现的保证。旅游景区战略管理是在市场经济条件下,根据景区内外环境及可取得资源的情况,为实现景区持续发展,对景区发展目标、达成目标的途径和手段的总体谋划,它具体包括景区经营方向、建立景区战略目标、制定景区经营战略、景区经营战略实施与控制、景区经营战略评价与修正。

(二)旅游景区资源开发管理

旅游者是旅游景区存在的前提,如果没有旅游者到访,就不能称为旅游景区。不断开发和建设是保持和增加旅游景区对游客吸引力的重要手段，即便是一个运营多年的景区，在其经营的过程中依然需要根据市场的变化挖掘资源潜力，不断开发新项目，增加新的人文景观和活动内容，以促进旅游者的重游率。此外，在对旅游景区资源进行开发利用的同时，一定要强调对资源的保护。

(三)旅游景区运营管理

我国目前多数的旅游景区采用企业形式进行营利性经营，对这类景区来说，管理的主要内容就是日常经营活动，并且日常经营管理的过程也相对复杂，涉及景区设施设备的管理和维护、景区环境卫生的管理、景区突发事件的管理、景区智慧管理等。

(四)旅游景区营销管理

旅游景区近几年也是受到疫情影响，旅游者的人数有所减少，因此景区营销管理也是景区管理的重要内容之一，一方面做好传统的景区旅游产品的线下宣传与促销，另一方面更要积极使用新媒体技术，利用抖音、微信公众号及小程序等做好线上旅游景区营销。

(五)旅游景区安全管理

安全是旅游景区生存之本，没有安全，就谈不上景区的运营管理，因此在景区运营管理中，对安全工作的重视要高于一切。在景区安全管理上首先要增加安全工作的硬件及软件设施投入，降低安全风险；其次要形成完善的可操作的安全应急预案体系，并且经常开展演练，提高景区处置安全突发事件的应急能力；最后还要将安全巡查落实到平常的管理中去，特别还要增加对疫情管控的巡查，建立安全隐患整改机制，为旅游者创设更加安全的旅游环境。

(六)旅游景区人力资源管理

景区直接面向旅游者，主要通过为旅游者提供旅游产品，使其获得精神上的满足，面对不同消费需求、消费偏好、消费能力的旅游者，景区必须在依托自身物质性旅游资源的基础上，为旅游者提供周到、细致的服务。旅游景区员工的工作效率与工作态度往往直接影响景区的服务质量，从而影响旅游景区形象以及经济和社会效益。旅游景区需要一支精干、高效的专业化队伍,因此人力资源的管理自然也就成为景区管理的关键性工作。

三、旅游景区管理的任务

旅游景区管理的任务,概括地说,就是全面负责旅游景区的保护、规划、建设和管理,使之永续利用,开展旅游活动,促进地方经济持续发展。

(一)实施全方位保护和管理

旅游景区的健康发展是有利于社会的一项公益事业,具有环境、社会和经济等多重效益。旅游景区的各种自然和人文旅游资源组合成各具特色的景观,是旅游景区的家底,对旅游景区旅游资源的保护是保护景观多样性的需要,发展旅游景区事业,第一可把旅游资源保护好,第二通过对旅游景区的审批和建立,逐步带动地区经济的发展。

鉴于旅游景区旅游资源的稀缺性、脆弱性和不可再生性,需要人们倍加珍惜和爱护。因此,完全有必要将旅游资源的保护工作放在高于一切的首位加以考虑,时刻铭记,不可掉以轻心,要严格保护各种旅游资源,使之得以完整保存、永传于世。

(二)编制发展规划与开发建设

规划是建设的先导,为合理开发建设勾绘蓝图,是旅游景区规划工作的一项重要任务,就是在所属人民政府领导与主管部门的指导和支持下,组织有关科技力量,深入调查研究,认真编制发展总体规划和详细规划,并负责规划的具体实施和定期的修订工作。

发展是为了更好地生存,要发展就要建设,旅游景区管理机构要精简稳妥地做好开发建设工作,要使内部交通形成网络,开通国内、国际程控电话,兴建水电和环保设施,建设阶段服务设施和文化娱乐设施,不断开发、建设特色新景点,丰富旅游内容,扩大环境容量,形成“食、住、行、游、购、娱”一条龙服务体系,以提高经济效益。

(三)发展旅游事业

进入新时代,随着人们生活日渐富裕,精神文化需求日益增加,到祖国名山大川、名胜古迹观光游览和休闲度假,成为人们的必要选择。

旅游景区要充分利用自身的资源,开展健康、有益的游览和文化娱乐活动,按合理的环境容量和现有的物质、技术条件安排好旅游,将环境优美、秩序良好的旅游景区建设成为有益于人民群众身心健康和进行科普教育、普及历史文化知识、激发爱国主义热情的游览胜地。

(四)发展地方经济

发展旅游景区事业是社会物质文明和精神文明建设的一个重要方面,保护和开发旅游景区不仅保护了国家的自然和文化遗产,改善了自然生态环境,满足了人们日益增长的物质和文化生活需要,而且促进了当地经济建设的发展,成为国民经济建设的组成部分,这在国际上已达成了共识。

旅游景区可以带动整个地方旅游业的发展,旅游业本身就是一个创收高的综合性经济产业。在市场经济条件下,产生了有形资产和无形资产,旅游景区的名称就是一种无形资产,受惠于旅游景区的名称,特别是国家级的旅游景区,各企业单位在对外宣传及招商引资时,往往有好的效果。审定批准建立国家各级风景旅游区,保护旅游资源,主要也是为当地经济发展创造条件,因此旅游景区要积极为地方经济腾飞“搭台”,开展旅游活动,向外界宣传当地的自然和社会风貌,交流信息,扩大地方的知名度,在招商引资方面发挥媒介作用,为促进国家和地方经济建设全面发展充分发挥积极的推动作用。另外,随着旅游景区的开发,大量游客进入景区,给周边乡村旅游发展旅游服务的副产品、工艺品、园艺和果品、土特产品等提供了大好机遇,为村民致富开辟了新门路;从而为促进地方经济全面发展注入了新的活力。

(五)正确处理诸边关系

旅游景区的环境、社会和经济等三大效益,备受人们的关注,并且旅游景区工作涉及许多方面，因此要大力宣传，让领导、各有关部门和广大群众，特别是周边村民和单位更多地了解旅游景区事业的性质、特点、地位和作用，争取广泛的理解、支持、参与和投入，发挥各个方面的积极性，共同把旅游景区工作做好。同时，旅游景区管理结构也应加强与各相关方面的协调，友好相处，相互帮助，谦虚谨慎，合作共事，共同建设好旅游景区。

第三章

旅游景区服务

第一节　旅游景区服务

在旅游融入人们生活的当今，旅游业也被提升到了“国民经济的战略性支柱产业”的高度。如何进一步提高旅游业服务质量水平，把旅游业建设成为“人民群众更加满意的现代服务业”，旅游景区服务显得越来越重要。景区服务质量的高低关乎旅游者旅游体验的好坏，也是景区塑造旅游形象的重要因素。景区服务的管理是景区管理的核心内容之一，它直接关系到景区的经济效果，甚至景区的生存和发展，也关系到旅游消费者合法权利的维护。

一、旅游景区服务的含义

景区服务由核心服务与辅助服务构成。旅游景区服务的内涵丰富，具有综合性的特点，可以将其分为两大类；第一类为核心服务，主要包括票务服务、讲解服务、餐饮服务、交通服务、商品服务、安全服务、娱乐设施服务等；第二类为辅助服务景区游览服务，也包括在标准化服务的基础上，提供个性化的服务或延伸服务。

旅游景区服务质量的高低取决于景区员工的旅游修养和服务技能。根据英文单词“SERVICE”，可从景区对员工服务的要求来理解景区服务的含义（表 3－1）。旅游景区服务是指发生在旅游景区服务者和旅游者之间的一种综合性服务，从旅游者角度看，是指旅游者在旅游准备阶段、旅游过程中和旅游结束后与旅游景区所发生的互动关系；从旅游景区角度看，是指旅游景区向旅游者提供的具有一定品质的有形和无形产品，需要一定的配套设施。

表3—1　景区服务含义分解

SERVICE分解	分解内容	分解含义
S	Smile（微笑）	景区员工应微笑待客，让员工显得更具亲和力
E	Excellence（优质）	为游客提供优质服务，出色完成工作
R	Ready（快捷）	随时做好准备工作，按游客要求提供快捷服务
V	View（至上）	认真对待每位游客的要求，树立服务理念
I	Invite（款待）	景区提供像家人、朋友般的款待服务
C	Create（创新）	在工作范围内提供创新性服务
E	Eye（热情）	察言观色，预测游客需求，及时提供服务

二、旅游景区服务的特点

（一）旅游景区服务的综合性

旅游景区的服务行为依赖于多方面地介入，从而完成一整套的服务，包括食、厕、住、行、游、购、娱七要素，多方面地介入以及各方面之间的完美配合体现了旅游景区服务的综合性。它既包括游客在未进入景区之前的咨询、购票、虚拟游览等服务，也包括进入景区的接待服务、对客服务、投诉服务等，又包括在景区内的餐饮、住宿、交通、娱乐等服务，还包括游客离开景区之后的意见反馈服务。

景区服务的主要对象是游客，游客既是景区服务的消费者又是服务质量的评价者，游客的个性化使得景区对客服务异常复杂化。

（二）旅游景区服务过程的关联性

景区服务不是彼此独立的，而是相互关联的、相互影响的、能引起连锁反应的过程。只有在服务时序和内容上很好地连贯起来，才能提供给游客完整的服务。在服务的接触过程中，任何一个服务接触点都可能会发生问题，而无论哪一个环节出问题，都会影响游客对整个景区服务的印象和满意度。旅游者在服务方面发生问题后，便会发生抱怨行为，可能会终止服务或向亲朋好友进行负面宣传，这对旅游景区的形象有着十分不利的影响。

(三)旅游景区服务的不可存性——加深供需矛盾

实体产品有形故可以储存,景区服务的无形性以及生产和消费的同时性决定了服务不被消费则无法被储存,服务会随时间消逝,使景区服务具有不可储存的特性。景区服务的不可储存性意味着景区提供给游客的各项服务是无法被储藏起来以备将来使用的,是一个实时产生的过程,在对客服务的时间里必须最大化地突出产品的使用价值,这对景区工作人员的能力有很高的要求。

旅游景区服务的不可存性加深了旅游供需的矛盾。旅游旺季国内不少旅游景区在旅游高峰期间游客过多、分流不力,加重自然生态环境的负担,也超过了景区的服务接待能力,服务员工、服务设施超负荷运转,旅游旺季服务需求量过大、供给不足。相反,旅游淡季时对需求市场研究不够,景区开发过度,造成服务供给能力大大超过服务需求,以致员工、设施等资源严重闲置浪费。

旅游服务供给与服务需求的矛盾突出表现为数量矛盾、质量矛盾以及结构矛盾。数量矛盾是顾客数量超过景区最大承载容量而导致的矛盾。质量矛盾是知名景点最大顾客成规模地聚集于此,而其他景区顾客数量相对不足,质量矛盾可看成数量矛盾的特殊状况。结构矛盾是指景区旅游服务层次、品质等不能满足顾客日益增长的需求与期望。

三、旅游景区对客服务

游客是旅游活动的主题,是旅游景区的“主角”。旅游景区大部分工作都是围绕游客进行的,景区对客服务质量的高低关系到游客的满意度。因此,做好游客的管理和服务是旅游景区的核心工作之一。

(一)票务服务

1.门票

景区门票的设计要具备特征要素、功能要素和理念要素。门票一般类型如下:

①按照制作材料,分为纸质门票和电子门票。

②按照消费对象的特征,分为全票、优惠票。

③按照门票的适用期限,分为当日门票和年卡门票。

④按照旅游淡、旺季,分为淡季票和旺季票。

2. 票券票价

门票价格应根据不同景点的类型和级别制订,明码标价,保持票价相对稳定。票种齐全,如设通票、半通票等。

票券设计应美观大方,背面应有游览简图,使其有纪念意义和保存价值。甲种票应为中英文对照。

3. 票务服务

售票位置的选取。售票处应设在入口处显著位置,周围环境良好、开阔,设置遮阴避雨设施。售票窗口数量应与游客流量相适应,并有足够数量和宽度的出、入口。出、入口分开设置,设有残疾人通道。景区(点)内分单项购票游览的项目。应设置专门的售票处,以方便游客购票。

售票人员。售票人员需业务熟练,掌握各类票的价格和使用情况。认真准确回答游人咨询。态度热情,语气和蔼,音量适中。售票人员坐姿端正,佩戴工作牌号牌。

增设智能售票机。支持多种取、售票方式,实现一分钟售票、一秒钟取票,节约旅游高峰时期入园难的问题。满足线上购票服务需求。游客在网站上或者使用手机移动端预订并完成支付后,系统会自动发送一串辅助码或者是二维码图形给游客,游客在景区终端设备上通过输入辅助码号码或者直接在机器上扫描二维码的方式,自助打印景区入园小票,凭票游玩。

(二)入门接待服务

1. 验票服务

设标志明显、有足够数量和宽度的出、入口。出、入口分开设置。检票人员站立服务,站姿端正、面带微笑,适时使用礼貌语言。配备检票装置,保证票面撕开处整齐。主动疏导游人,出、入口无拥挤现象。出口设专人值守，适时征询游人对游览参观的意见和建议。设置无障碍通道。处理好排队问题。

2. 咨询服务

接受游客咨询时，应面带微笑，且双目平视对方，全神贯注、集中精力，以示尊重与诚意，专心倾听、不可三心二意。咨询服务人员应有较全面的旅游综合知识，对游客关于本地及周边区域景区情况的询问，要提供耐心、详细的答复和游览指导。答复游客的问询时，应做到有问必答、用词得当、简洁明了。接待游客时应谈吐得体，不得敷衍了事，言谈不可偏激；避免有夸张论调。接听电话应首先报上姓名或景区名称，回答电话咨询时要热情、亲切、耐心、礼貌，要使用敬语。如有暂时无法解答的问题，应向游客说明并表示歉意，不能简单地说"我不知道"之类的用语。通话完毕，互道"再见"并确认对方先收线后再挂断电话。

(三)排队服务

由于我国节假日安排，每到旅游旺季或节假日，大量人群涌入这些景区，景区为增加收入，凡买票就可进入，从而导致各个景区内部的热门旅游景点排长队。

1. 合理队列结构要满足的条件

①使人感到等待时间长度短于实际时间长度。

②队列秩序有条不紊，不给"加塞儿"者更多机会。

③队列结构要能灵活调整。

2. 景区排队的几种形式

①单列单人队列：一名服务员，成本低，游客等候时间难以确定。应设置座位或护栏。

②单列多人队列：多个服务员，接待速度快。增加人工成本。

③多列多人队列：多名服务人员共同操作。增加成本；各队列前行速度不一，不设栏杆。

④多列单人队列：一名服务员，栏杆多，成本高。

⑤主题队列：迂回曲折，需要两名或两名以上的服务人员。

3.景区排队解决方案

①智能公布最大承载力。旅游景区会有大量排队现象的主要原因就是旅游景区有大量游客进入,而旅游景区其实并不能容纳这么多的游客。但是,旅游景区的管理者为了获得更多的门票收入而选择性地忽视这一问题,只要买票,均可以进入旅游景区,从而造成了旅游景区内部大量排队。因此,必须将景区的最大游客容纳量作为一个最重要的指标(因为它直接关系到景区的收入),在节假日之前提前在网络上公布景区最大承载力,达到最大值时,应停止继续售票。

②价格调节与限流。为让游客能够获得更好的体验,也出于消除旅游景区安全隐患的考虑,通过价格调节与限制入园的方式,来控制景区内的游客数量,使景区内的游客数量保持在最大容纳量之下。采用分时段计价的方式来制订门票售价,如根据旅游旺季和大小长假实行区别定价。即可以将门票的价格定得比平时高,具体的价格可以参照以往的游客数量。通过提高价格,减少部分对价格敏感的旅游者,而对价格不敏感、对时间敏感的游客却并不会减少。因此,虽然减少了游客数量,但由于价格的提升也不会让景区损失过多的收益。

旅游景区可以在旅游淡季推出低价票,以此来冲淡旺季所推出的高价票的影响,以补偿那部分旺季对价格敏感的顾客,同时可以吸引大量对价格敏感、对时间不敏感的游客,如学生、退休的老年人等。对此,也要发布广告,在网站、现场发布通告解释景区采用此种做法的原因,主要是让游客获得更好的体验,同时排除景区的安全隐患,避免踩踏等安全事故的发生。通过上述方式来缓解旅游者对这种管理办法的抵触情绪。

③区分首游览景点的门票入园制。为了让游客顺利地服从安排、分成几个小团体,前往不同的景点开始对景区的旅游,可将门票设计为具有游览景点的门票。旅游者买的门票上会注明最先游览景点,因此在进入景区时就要按照规定搭乘前往该旅游景点的景区内部车辆,否则将不被允许进入景区。这种新型游览方式除了在门票上规定首游览景点外,还应注明接下来游客的旅游线路和游览顺序。当然,这种线路必须含有所

有的著名景点，同时其设计也应是游客在景区的最佳游览路线。这条路线必须使游客能在各个旅游景点都能满意地旅游，还能游览完所有的著名景点。

④排队安排技巧。旅游景点的排队队伍不断迂回，这样就能使排队队伍的行进速度看起来更快些，通过这种方式可以有效提高游客的耐心。

分段排队。首先游客在旅游景点外进行排队，等候进入；当游客进入景点后，在景点内又再接着排队。这样看起来游客就已经结束了一次排队而进行了第二次排队，同时也进入了景区，使游客的心理体验将排队时间变“短”了。

在游客排队的时候，在设置的隔离物上展示该景点的文字或图案，也可以是注意事项、笑话等。当然，有大屏幕的视频播放器更好，这样在游客在排队的时候，能够有效地转移其注意力。在旅游旺季，在排队堵塞严重的地方提供娱乐表演，以吸引游客注意，使游客在排队中也能得到娱乐体验。

(四)投诉服务

1.游客投诉与抱怨的原因

游客投诉与抱怨的原因主要来自对景区人员服务的不满、对景区产品的不满、对景区硬件及环境的不满、对线上购买旅游产品与线下不符的不满等。

2.游客投诉服务

景区应设专门机构或专人负责受理游客投诉，并在显著位置设立意见箱、意见簿，公布投诉电话，方便游客投诉。

严格按投诉处理程序处理投诉。投诉受理人员应耐心倾听并做好记录，按有关规定妥善处理，重大投诉要及时报告主管领导。

每天工作结束前整理好投诉内容，上报主管领导。档案记录应保存完整。

3.投诉受理服务管理

景区工作人员应把游客的投诉视为建立诚信的契机，受理人员要着装整洁、举止文明，热情、耐心地接待投诉游客。

受理投诉事件，能够现场解决的，应及时给予解决；若受理者不能解决的，应及时上报景区负责人并及时将处理结果通知投诉者。注意收集反馈意见，科学分析，以便及时改进，提高服务质量。

要以"换位思考"的方式去理解投诉游客的心情和处境，满怀诚意地帮助客人解决问题，避免与游客发生争吵。

接待投诉者时，要注意礼仪礼貌，本着"实事求是"的原则，不能与客人争强好胜、与客人争辩，既要尊重游客的意见，又要维护景区的利益。

景区应设立专用投诉电话，并在景区明显位置(售票处、游客中心、门票等)标明投诉电话号码，且有专人值守。

第二节　智能解说服务

由于旅游活动的异地性和暂时性，旅游者要想在较短的时间内，在一个陌生的旅游环境中获得较好的旅游体验，必然要求景区提供全面的引导游览服务。尤其是当旅游者面对的是除了"看头"，还有"说头"的文化景观的时候，专业的解说服务显得尤为重要，能起到锦上添花的效果。

一、解说系统构成

解说系统主要包括3个基本要素：解说受众(主要指接受解说的观众或游客等)、解说媒介(包括提供解说的组织机构、个人或解说人员，是解说内容得以传播的途径)、解说对象(解说的景点、事物等)。

(一)主体

1.理解旅游解说受众

旅游解说受众是指旅游消费者；即通过旅游达到了解、体验、享受旅游过程的目的的个人或团体，也可以理解为旅游解说信息的使用者，主要指游客。这里的游客包括真正意义上的旅游者和潜在旅游者。

真正意义上的游客(现实旅游者)是旅游活动的主体，是旅游解说信息的主要接受者和使用者。通过旅游解说系统，游客在整个游览过程中能接触到大量的关于景区的旅游信息。旅游者会下意识地对自己所接触到的旅游信息进行选择、整理、加工，最终将反馈对自己有用的信息。另外，游客也会将客源地的价值观、文化观等带到旅游目的地，对旅游目的地产生一定的影响，甚至是较大的思想冲击。因此，可以说旅游者不仅是旅游信息的接收者，也是传播者。

潜在游客因为具有旅游动机，除了受自由支配时间、身体健康状况、经济情况等个人因素的影响外，对旅游目的地的陌生感和信息了解不全面也是制约他们将旅游动机转化为现实的重要因素。因此，潜在旅游者也是旅游目的地信息的最初接收者，旅游者在旅行前收集旅游地信息的阶段就已经成为旅游解说的受众。

2. 理解受众对旅游解说的需求

游客的旅游解说需求与其基本属性和参与旅游活动的动机等密切相关。从游客的基本属性来看，游客对旅游解说系统的需求受年龄、受教育程度、婚姻状况、收入水平、职业、到访旅游地的次数等方面的影响。

从游客的旅游动机来看，旅游解说需求也存在差异，如以追求自然景色为动机的游客希望得到解说人员生动形象的讲解、为其提供咨询服务，对这类游客就可以提供偏重于人员讲解的解说服务。重在以学习体验为动机的游客，则希望能够举办学者专家的专题演讲，希望参与历史文化的重演，因此为这类游客规划设计的解说应该注重参与性和知识性。针对特殊群体（行动不便的游客、老年游客、儿童游客、特殊身份和地位的游客、国外游客等），应根据具体的情况，在旅游解说过程中重视这部分游客的特殊需求，以便为他们提供更好的解说服务。

景区在规划设计旅游解说内容、活动时，应综合考虑游客的基本属性、旅游动机、特殊群体的需求等实际情况来进行，尽量做到共性与个性相结合，充分体现人性化的理念，才能取得预期的效果。

（二）客体

客体就是旅游解说对象，是旅游解说受众想了解、体验、享受的物质或精神对象,也就是我们常说的旅游资源,即对游客具有吸引力的自然存在和历史文化遗存,以及直接用于旅游目的的人工创造物。旅游资源是旅游业赖以生存的基础;是开展旅游活动的基础,没有旅游资源,旅游解说就无从谈起。

旅游资源的类型丰富多样,因此,旅游解说的形式和内容应该根据不同类型的旅游资源的特征来确定。如由于自然旅游资源是客观存在的、实实在在的自然物质实体,受地理位置、季节、时间、生态情况等的影响,还要考虑资源的不可移植性、不可再造性等特性。根据自然旅游解说对象的特征,在旅游解说设计时,有区分性地进行解说安排。而人文旅游资源包括依附于物质实体的精神文化;超脱于物质的人类精神文明。其主要具有精神文化性、可创造性和历史社会性等特性,丰富了旅游活动的内容。因此,针对这类旅游资源的解说又有所不同。

景区解说系统的规划设计者应有针对性地采取旅游解说方式和相应的解说内容形式,要善于从不同的旅游资源类型入手,创造出适合不同景区、结合时宜的、满足不同类型游客需求的解说形式和解说内容。

(三)媒介

旅游解说媒介或解说方式、解说手段是解说内容得以传播的一种途径,是对旅游景区进行最佳阐释的一种工具。近十几年来,人们逐步意识到解说的重要性,但是仍有一些景区一味地注重开发,而没有认识到解说的重要性。大多开发时间较为短暂的景区,由于发展受限,仍然大量依靠标志牌、导游、游客咨询中心、印刷物、电视等给游客提供自助解说服务。而开发时间相对久些的旅游景区,尤其是在国家或是世界上比较知名的景区,除了依靠传统的解说媒介,还会主动去寻求新的,更为有效的,使游客能得到更好享受的解说服务。

二、解说类型

旅游解说包括两种主要模式:一种是人员解说,另一种是非人员解说。目前比较受认可和推崇的是吴必虎提出的自导式解说和向导式解说。自导式解说是硬性的解说方式，如牌示、解说手册、导游图、语音解说、录像带、幻灯片等；而向导式解说则是软性的解说方式，如导游员、解说员、咨询服务人员等。

（一）自导式解说

一般情况下，旅游解说系统是指自导式解说系统，它是由书面材料、标准公共信息图形符号、语音等无生命设施或设备，向导游提供静态的、被动的信息服务。其形式多样，包括牌示、解说手册、导游图、触摸屏、幻灯片等。

1. 游客中心

游客中心也称为景区游客接待中心，是旅游景区的文化、形象展示的重要窗口，集为游客提供旅游信息咨询服务、展示销售旅游产品、方便游客集散等功能于一体。它通常分为现实游客中心和虚拟游客中心（网络游客中心），二者共同产生作用，为游客提供便捷的旅游信息咨询，也为景区的形象宣传起着推动的作用。

2. 标志牌

标志牌具有解说、装饰、标志的作用。一方面，它向游客传递旅游服务信息，使旅游景区的服务、教育、使用功能得到充分的发挥；另一方面，通过标志牌的解说，有利于旅游者获取景区的相关信息。

①全景标志牌。全景图是旅游区整体形象在旅游者面前的第一次展现，能让游客对景区有一个整体的认识和了解，因而也是策划、设计的重点。全景图表示全园的总体结构和各景点、道路以及服务设施，如餐厅；厕所、服务中心等的分布，有平面图、鸟瞰图、简介文字等表现形式，一般设置在景区的大门口。相对于平面图来说，鸟瞰图能够更加直接形象地把景区的整体轮廓呈现在游客面前。对于全景标志牌，建议使用沙盘技术，配以必要的讲解说明。

②景点标志牌。这类标志牌用以说明单个景点的名称、性质、历史、内涵等信息，可以体现解说系统的教育功能，对旅游者有较强的吸引力，游客愿意花较多时间阅读这类景点标志。

③指路标志牌。这类标志牌在游道节点，向旅游者清晰、直接地表示出方向、前方目标、距离等要素，有时可以包含一个或多个目标地的信息。

④警示标志牌。即告知游客各种安全注意事项和禁止游客各种不良行为的牌示，此种牌示多用红色，如“小心悬崖”“请勿踩踏”等。

⑤服务标志牌。这类标志牌主要是指相关服务功能设施的引导牌示，包括厕所、餐厅、冷饮、小卖部、照相、游船以及商务中心等牌示。

需要注意的是，标志牌的特点要鲜明，设计要崇尚自然、个性与人文关怀的精神，要与普通的标准化的城市解说标志牌相区别开来。另外，还需要注意的是，标志牌设立之后，应经常检查，及时解决字体脱落、掉色等问题。如果疏于管理，即便是一个字的脱落，旅游者也会感觉“景色不错，可惜这里的管理不行”。

3. 旅游网站展示

旅游网站主要展示景区景点的特色、旅游信息、风景风光图片、风景片、景区新闻、旅游线路、旅游论坛等，向游客介绍旅游景区的基本情况，使游客提前领略到旅游景区的美景、历史文化内涵，吸引游客前来参观游览。

4. 音像制品解说

这是基于影像制品集图片、文字、声音、影像于一体的，可以生动、形象地传递景区各类信息的产品，使游客产生身临其境的感觉，增添游客参与旅游解说的乐趣，是宣传景区旅游形象、传播景区文化的重要方式。

可以采取的方式主要有两种：一是通过 VCD、DVD、CD 等影像展示，在景区可以设置多媒体放映厅、滚动液晶电子显示屏、幻灯片、电视等；二是背景音乐、语音提示、电子语音导览等声音展示，景区较多采用的是广播、背景音乐及电子语音导览器。

5. 印刷物品解说

景区印刷物品主要包括景区宣传折页、最大导览图、旅游指南、旅游风光画册、旅游景区名人传记等。它的主要印制内容涵盖了景区的食、厕、住、行、游、购、娱等方面。它的主要功能在于向游客传递旅游景区的各方面信息，使游客对景区的发展概况、管理状况、生态环境等了解得更加深刻，充分满足游客的精神需求，提升游客的游后体验质量，还有利于景区管理者作出决策，提高旅游景区的管理、服务水平。

(二)向导式解说

向导式解说也称导游解说或人员解说，主要是指专门的导游员向旅游者进行主动、动态的信息传达。解说员的优点在于解说过程中可以和游客互动，随时回答游客提出的问题，而且这种解说不长期占用具体空间。但毕竟事情经过嘴的描述就会有不同的演绎，版本就会多起来。游客认为，导游员基本上都是在“背诵”那些解说词，没等游客明白就又开始“背诵”下一段，灵活性、针对性不强。由于讲解人员的素质参差不齐，人员解说的质量难以保证。

人员解说是目前游客比较青睐的一种旅游解说方式，其具有自觉能动性等方面的特点，方便与游客进行交流并实现双向交流，讲解内容灵活多样、形式各异。人员解说多数是付费的服务，成本比较高，在同等条件下，游客可能会更多地选择一些免费的介绍，所以人员解说还要同其他的解说方式相结合。

1.景区对讲解员的要求

①硬件要求。涉外较多的景区应具备相应语种的讲解员，能完成景区涉外语种的讲解任务；普通话标准；获得景区讲解资格或导游资格证书。

②个人条件。要求语言表达能力强，五官端正、身体健康、性格开朗。

③知识素养。具有丰富的历史知识、地理知识、文学知识和一定的科学知识，特别要具备与景区讲解有关的专业知识。要解答形形色色的游客的疑问，必须懂得多、懂得广、懂得深。这样才能寻找到与游客的共同点，进而提高自己的亲和力，使游客能更加开心地度过整个旅途。

④个人修养。有较强的事业心和团队精神，敬业、守纪。

⑤业务能力。熟悉导游讲解业务，带团经验丰富，有较强的现场导游能力。

2. 导游薪酬体制影响服务水准

导游是旅游接待工作的“一线员工”，是整个旅游服务的关键环节。一段旅程成功与否在很大程度上取决于带团导游的服务水平和努力程度，而导游人员的服务水平和努力程度又在很大程度上取决于他们所得到的报酬和待遇。

三、智能解说服务

(一)扫微信，听解说

景区布置语音智能讲解系统和 Wi－Fi，再通过微信“扫一扫”功能就能听景区语音讲解，语音导游讲解的自然度和流畅度均能达到真人讲解的效果。游客能根据个人游览节奏自由选择景点，有效获取自己感兴趣的景点信息，并且可以反复听取讲解。如虎丘景区憨憨泉景点的语音解说。

(二)采用录音方式听解说

这是将景区的全景解说、景点解说和景观解说采用数码录音的方式，存放到一个存储量较大的解说器上，形式就像以前市场上的 MP4 一样。旅游景区要将与景区相关的所有解说词以不同的语种全部存储到解说器上，并分割成不同的文件，即将每个景观的解说词分别归入景点文件，并将景点名显示在显示屏上面。

(三)感应式电子导游器

采用这种方式，当游客携带解说器到达某一景点时，解说器会与之产生感应，就会启动信号，然后自动地解说。比如，基于 AVR 单机片的人体接近智能电子解说器就属于其中之一。

(四)手控式电子导游器

手控式电子导游器，是为大多数零散游客创制的一种辅助导游手段。它可以让游客按照设定的经典路线，选择景点或展位的讲解，使其得到每个展位、景点的完整信息。

(五)无线接收

这种媒介是由很多台无线调频发射机和游客接收机构成,它是在景区的各个景点分别放置调频发射机,当发射机开始工作后,游客可在景点周围收听到适合自己的导游词,它的功能和收音机相似。

(六)手机接收

由管理机构划出一个手机号段给景区,游客到达景区,传一个信息给信息平台后,手机将变成一个自动讲解器。这种解说可以让游客随意游览,还圆满地解决了讲解器问题,非常适合自助游客。这种解说媒介适合推广采用。

景区智能解说服务是智慧景区建设的一部分,也是未来景区解说服务发展的方向。

第三节　旅游景区商业配套服务

旅游业的发展潜力巨大,扩展空间广阔。旅游业被许多地方列为支柱产业,因此,旅游景区商业配套服务是发展旅游业必不可少的一部分,并受到越来越多的关注。

一、景区购物服务

游客购买旅游商品的目的是旅游纪念以及赠送亲友。游客都希望购买的物品能够代表自己去过的旅游区,即具有较强的旅游纪念价值,而旅游景区是最能够集中提供旅游纪念品的场所。旅游购物作为旅游的一个体验环节,其购物过程的愉悦程度将会影响旅游者对整个旅游过程的评价,甚至会影响到旅游者对旅游目的地形象的客观评价。

(一)购物在旅游景区中的作用

参考世界旅游组织关于景区购物含义的界定,旅游购物是“为旅游者做准备或者旅途中购买商品的总和,其中包括对衣服、工具、纪念品、珠宝、玩具、报刊书籍、音像资料、美容及个人物品和药品等的购买;不包括任何一类游客出于商业目的而作出的购买,即为了转卖而作的购买。”

购物在旅游景区的作用主要体现在以下方面:

①购物是景区旅游市场的重要组成部分。

②购物是景区创收的重要来源。

③购物旅游资源是景区发展潜力很大的资源。

④购物是提高景区整体竞争力的要素之一。

⑤旅游购物能增加当地居民的收入,提高就业水平,并能带动景区相关产业的发展。

“旅游购物”是旅游活动传统的七要素之一,也是非基本旅游消费支出项目之一,其支出的比例高低是一个国家或地区旅游发展成熟度的衡量标准之一。

根据中国社会调查事务所在北京、天津、广州、武汉等城市所做的主题问卷调查发现,90%以上的旅游者在外出旅游时都会购买一定的商品。现在旅游购物已不仅仅是满足旅游者的消费需求,而是使购物成为一种实实在在的旅游经历,满足了旅游者精神上的需求。通观整个社会的旅游环境,游客在旅游的过程中因为购物被损害合法权益的事件时有发生,不但没有给旅游者带来精神上的愉悦,反而还增添了一系列的烦恼,使旅游者对整个旅游目的地有了较差的印象。

(二)旅游商品

1.旅游商品的特点

旅游商品是旅游资源的一个重要组成部分,旅游商品的创汇在旅游经济总收入中所占的比重是衡量一个国家、一个地区旅游经济效益好坏的主要标志之一,直接影响着旅游业整体收入水平的高低和收入结构的合理性。广义的旅游商品主要包括旅游纪念品、旅游日用品、各种土特产、各种工艺美术品、文物古玩及复制品以及各种旅游零星用品等;狭义的旅游商品是指旅游工艺品和旅游纪念品。

旅游商品与一般商品一样,都是可见可及的物质形态,都具有使用价值和价值。但旅游商品是伴随着旅游活动而产生的一个特有的经济范畴，和一般的商品相比又有所区别。

①旅游商品的经营方式和一般商品有所不同。旅游商品的经营受游客流量大小、旅游市场波动影响大，这使旅游商品的生产和销售具有很大的波动性。一般的商品由于当地居民具有长期性和稳定性的特点，所以一般商品的生产和销售则具有相对稳定性。

②旅游商品的消费层次、品种特色等方面的要求与普通商品不同。一般的百货商品主要是为了满足当地居民的日常消费的需要，注重商品的实用性和经济性。旅游者在旅游过程中购买旅游商品，更注重它对旅游活动的纪念意义，因此旅游商品更注重商品的民族性、地方性、艺术性、纪念性，在其产品的品种、档次、包装、造型上比一般商品有着更高的要求。

③服务对象不同。一般的商品的服务对象主要是当地的居民，是为了满足当地居民日常生活的需要。旅游商品的服务对象是游客，游客是旅游商品存在的前提，没有游客旅游商品就无从谈起。

④销售网点的布局不同。一般的商品的服务对象是当地居民，为了方便居民的购买，销售网点多分布在居民的居住地附近。旅游商品的销售网点是根据旅游者的活动特点而布局的，主要设置在旅游城市的旅游景点区、风景名胜附近、宾馆饭店及商业繁华地带或大的商业中心。

旅游商品也不同于旅游产品，旅游产品是一个整体概念，它是由旅游资源、旅游设施、旅游服务和旅游商品等多种要素组合而成。旅游商品主要是指旅游活动中人们所购买的物品，即旅游购物品。旅游商品的概念范围要小于旅游产品，旅游商品只是旅游产品的一部分，被包含于旅游产品之中，或者也可以说旅游商品实际上只是旅游产品概念集合中的一个子集。

2. 旅游商品的类型

根据不同的分类标准，可将旅游商品划分出不同的类型。旅游商品的种类繁多、分布广泛，不同的国家和地区往往根据自己的情况对旅游商品作出不同的分类。旅游商品的主要分类方法是根据旅游者购买的实际用途状况进行分类,可分为旅游工艺品、旅游纪念品、文物古玩及仿制品、土特产、旅游日用品等。

①旅游工艺品。这主要是指用本地特色材料制作的,具有独特的工艺、精美的制作、新颖的设计的艺术品,它是传统文化艺术宝藏的重要组成部分。作为旅游购物品的主要有雕塑、金属、刺绣、绘画、蜡染、各种玩具等艺术品。

②旅游纪念品。这主要指以旅游区的人文景观和自然景观为题材,体现地方特色传统工艺和风格的、带有纪念性的工艺品。这类商品的品种多、题材丰富、数量大、纪念性强,具有很强的艺术性、收藏性、实用性和礼品性,其中艺术性是最基本、最重要的特性。这种类型的旅游商品一般样式精美也不太昂贵,利于馈赠,还可留作纪念,给旅游者留下美好的回忆。

③文物古玩及其仿制品。这主要指国家允许出口的古玩、文房四宝、仿制古字画、出土文物复制品、仿古模型等。这类旅游商品真品相对比较昂贵,适宜于豪华型游客的购买;而仿制品则价格适宜,深受广大游客的欢迎。

④土特产品。这类旅游商品种类十分丰富,而且具有很强的地方特色,深受旅游者的喜爱,多为旅游者必购的自用品和礼品。

⑤旅游日用品。指旅游者在旅游活动中购买的生活日用品,包括鞋帽、洗漱用具、箱包、地图指南、化妆品、防寒防暑用品以及常用的急救品等。

⑥旅游消耗品。这是旅途中所消耗的商品,主要有饮食用品和日常用品。饮食用品是旅游者在旅途中消耗的食品、饮料、当地特色小吃等。

(三)景区购物行为特点及服务程序

景区购物行为的特点主要有仓促性、非经验性和随意性。

1.旅游购物行为仓促性

仓促性一般是受到旅游行程的限制和旅游动态行为的影响,旅游者来不及也无法对旅游商品仔细辨别,也缺少对该产品的认识。选择时间的有限性要求旅游者在较短的时间内作出决策，并完成购买行为。旅游者在旅游过程中对造型优美、具有当地文化特色、其服务人员服务态度好的旅游商品容易在很短时间内产生购买意向。

2.旅游购物行为非经验性

旅游者在旅游途中购物，一般对购买对象不太熟悉，是非经验性购买行为。另外，购买时间短、选择时间仓促，容易受到来自其他旅游者和购物氛围的诱导。再者，旅游者在景区购物容易造成购物遗憾，由于景区的异地性和旅游活动的动态性，旅游购物产生的遗憾往往很难弥补。旅游者大多是结伴而行或者跟团旅游，少数人购买商品的行为可以调动他人的购物欲望，旅游购物还具有一定的从众心理。

3.旅游购物行为随意性

由于旅游购物是非基本旅游消费，所以是否产生购物行为由旅游者的兴趣决定。有些旅游者可能有既定的购物意向，有些旅游者可能没有既定的购物意向。即使有些旅游者有购物意向，如果供应的旅游商品毫无特色，与旅游者的购物需求不符，旅游者也会放弃购物。如果旅游景区商品品种丰富，有一定的地方特色，购物环境比较有吸引力，游客会因为即时的兴趣而产生购物行为。因此，旅游者购物行为的产生是多种因素综合作用的结果，具有一定的随意性。

针对景区购物行为的特点，旅游景区工作人员要为游客提供完善的购物服务。

二、景区餐饮服务

餐饮是旅游景区的重要组成部分。它作为旅游景区的配套服务设施，不仅直接关系着游客的旅游体验，影响旅游景区整体形象，还与购物、住宿、娱乐等内容共同构成旅游景区产品体系，决定旅游景区盈利模式。

(一)景区餐饮服务的特点

1.消费层次高

旅游景区因客流量大以及地理位置特殊，人均消费比一般餐饮点高。

随着人民收入水平的逐渐提高，游客对餐饮服务质量的要求也会越来越高。

2. 经营方式灵活

旅游景区餐饮服务的经营方式具有灵活性，主要有景区自主经营、承包经营、特许经营等多种经营方式。

3. 管理难度大

旅游景区餐饮服务因其经营方式灵活，缺乏有效的管理制度，所以管理难度很大。旅游景区的小餐饮店或家庭作坊，产品粗糙，环境卫生得不到保证，质量控制随意性强。

(二)景区餐饮服务的作用

1. 餐饮服务是景区服务的重要组成部分

在新旅游七要素“食、厕、住、行、游、购、娱”中，“食”排在了首位。中国自古讲究“民以食为天”，景区餐饮服务存在的前提是旅游者的餐饮需求，景区应根据游客的实际需要为游客提供高质量的餐饮服务。

2. 特色餐饮是景区的重要旅游资源

饮食文化是中国文化一个重要的组成部分，游客可以通过品尝美食了解当地的民风民俗、文化传统、历史沿革，甚至宗教习俗。旅游餐饮不仅仅是旅游者的生理需求，是旅游活动得以进行的必要手段，而且可以成为旅游的目的之一，即成为吸引旅游者的一种旅游资源，如美食旅游。景区的餐饮服务如果能根据客人的需求以及当地实际，恢复或开发一些名菜名点，推出特色餐饮，必然可以丰富旅游的内容，吸引更多的游客。

3. 餐饮服务水平是景区服务水平的重要标志之一

餐饮服务的水平由多种因素决定，从游客的角度来看主要是由菜品的烹调技术和餐厅的服务两大因素决定。烹调技术的高低决定了菜品的味道好坏，而餐厅的服务水平则影响着游客购买、消费该产品时的心理状态。餐厅的服务除了服务人员的态度和技能，还包括餐厅的环境氛围、餐饮器皿等的质量水平，而这些都和景区的经营管理水平密切相关。

(三)景区餐饮服务的类型及形式

景区内的餐饮类型主要包括大排档、快餐服务点、特色餐馆、主题餐厅等。

1.大排档

大排档以供应地方小吃为主,由于花样繁多而且价格低廉,因此特别受到游客的喜爱。如南京的夫子庙是秦淮小吃的发源地,历史悠久、品种繁多,形成了独具秦淮传统特色的饮食集中地,是我国四大小吃群之一。

2.快餐服务点

游客到景区的主要目的是参观游览,因此在游览过程中会选择简便易携带的快餐来节约用餐的时间;同时,快餐服务点的设置还可以省出大量的就餐空间,减少投入,增加销售额。由于快餐服务符合旅游餐饮的特点,在国外许多著名景区的餐饮服务大都以快餐服务为主。

3.特色餐馆

特色餐馆主要指经营的特色菜品的餐馆。在一些著名景区,还有一些著名的传统老字号餐饮店。如坐落在西湖边上,素以“佳肴与美景共餐”而闻名的“楼外楼”餐馆。

4.宴会餐厅

宴会是以餐饮聚会为形式的一种高品位社交活动方式,因此大型宴会餐厅非常讲究环境的设计,同时对于宴会菜单的设计以及餐具的配置都有严格的规定。

5.主题餐厅

这种餐厅往往围绕一个特定的主题对餐厅进行装饰,甚至食品也与主题相配合,为顾客营造出一种或温馨或神秘或怀旧或热烈的气氛,千姿百态、主题纷呈。

6.农家乐和户外烧烤

农家乐餐饮为游客提供地道的农家饭,使游客在农家品尝五谷杂粮和天然野味的同时,身心得到一种回归自然的享受。户外烧烤也是景区常见的用餐类型，但考虑到烧烤时油烟对景区环境的破坏，这种餐饮类型不值得提倡。

7.餐饮+娱乐

随着游客餐饮的多元化需求，景区的餐饮形式开始与各种娱乐活动相结合，呈现出多样化的特点。

①餐饮与歌舞表演相结合。采取饮食文化与歌舞艺术相结合的形式，使游客在品尝美味佳肴的同时，还能欣赏一台优美的歌舞表演。比较著名的有西安唐乐宫唐代歌舞盛宴，昆明世博园的“吉鑫宴舞”等。

②餐饮与康体活动相结合。这主要是指餐饮与垂钓、桑拿、洗浴等康体活动相结合。例如在一些景区，游客可以在鱼塘垂钓后，将自己亲手钓的鱼虾交给景区内的厨师烹制，更可亲自下厨，做出适合自己家人口味的美味佳肴。

③餐饮与郊野娱乐相结合。这种餐饮形式常见的有篝火晚餐、滨海大排档、野外烧烤。例如在承德坝上草原推出的“烤全羊”项目，同时附赠篝火晚会项目。

(四)景区餐饮经营管理的特点

1.客源构成多样性

受市场区位等要素的影响，旅游景区餐饮客源以游客为主，周边居民消费较少，其核心客源来自全国各地，具有不同的消费习惯和消费水平。因此，景区餐饮在客源构成上具有多样性。

2.经营管理复杂性

客源构成的多样性决定了旅游景区餐饮在市场营销和产品创新等经营管理思路上不能像社会餐饮一样，集中选择某个目标市场、开展经营管理活动。它需要更加灵活的管理方式才能满足不同地域、不同层次游客的消费需求，这使得景区餐饮管理存在着极大的复杂性。

3.关联性

景区餐饮是构成旅游景区系统的子系统之一，这决定了它必然与景区其他组成部分存在十分紧密的联系。景区餐厅从财务上看是独立经营、自负盈亏,但从产品价值链的角度看,其在市场营销、人力资源、设备管理等方面都具有明显的依赖性。因此,其各项业务都需要与整个景区形成较强的关联性。

4.管理主体多元性

景区餐饮的关联性决定了经营管理主体的多元性,景区餐饮管理不完全隶属于某个部门,而是由多个部门共同管理。餐饮部虽然是整个景区餐饮的核心部分,但其人力资源管理、市场营销等工作却被分摊到景区其他部门。

三、景区住宿服务

(一)景区住宿服务含义

景区住宿服务是指景区工作人员借助景区的住宿设施(如酒店、民宿、客栈等)向游客提供的,以满足游客在景区住宿、休息等需求为基本功能,同时也可满足游客其他需求的服务。

景区提供的住宿服务设施主要有宾馆、饭店、度假村、疗养院、民宿、客栈、房车、野营地等类型。

(二)景区住宿服务内容

景区住宿服务主要包括前厅部服务和客房部服务。其中,前厅部服务主要包括客房预订服务和接待服务(入住登记、问询、礼宾、总机等服务),客房部服务包括清洁卫生服务(整理客房、补充物品、检查保养)、对客服务等。

景区住宿服务通常与餐饮服务等其他辅助服务相互配合,为游客在景区内的旅游活动提供最基本的条件,使旅游者的基本需求得以满足,并获得心理上的安全感。设施齐全、特色鲜明、服务舒心的景区住宿可为游客带来美好的旅游体验,延长游客在景区逗留的时间,提高游客的满意度和重游率。

(三)特色住宿——民宿

民宿的广泛定义,涵盖甚广,除一般常见的饭店以及旅社之外,其他可以提供旅客住宿的地方，例如民宅、休闲中心、农庄、农舍、牧场等，都可以归纳成民宿类。

民宿在世界各国会因环境与文化生活不同而略有差异，欧洲大陆地区多是采用农庄式民宿（Accommodationinthe Farm）经营，让一般民众能够享受农庄式田园生活环境，体验农庄生活。加拿大则是采用假日农庄（Vacation Farm）的模式，提供一般民宿，游客在假日可以享受农庄生活。美国都多见居家式民宿（Homestay）或青年旅舍（Hostel），不刻意布置居家住宿，价格相对饭店更为便宜。英国则惯称“Bedand Breakfast”（BNB），按字面解释，意为提供睡觉的地区以及简单早餐，费用大多每人每晚二三十英镑，视星级而定，价格会比一般旅馆便宜许多（表 3—2）。

表 3—2 各国民宿特色

美洲地区	欧洲地区	亚洲地区
发展特色：美洲民宿发展相对成熟，以居家式为主	发展特色：以英国、法国为代表，它们是民宿发展的发源地	发展特色：日本是全球民宿发展精品的代表
开发形式：以青年旅舍、家庭旅馆的形式呈现，价格相对便宜	开发方式：优先保护农舍结合开发，采用副业形式经营	发展趋势：不同主题风格的民宿成为旅游核心吸引物之一，并呈现高端化、精品化、重服务的趋势

传统的民宿定义已无法涵盖兴盛的各类民宿，泛民宿的特征表现为根植于乡村文化形态，为旅游者驻留而设计的文化主题鲜明、功能复合、兼具人文情怀与经营理性的特色住宿。

民宿具有充分体现地域文化、服务个性化、主客互动的生活体验、共有情怀互动、极致服务理念及精彩的建筑设计等特点。民宿目前逐渐成为景区主要旅游产品，改变了传统景区住宿的模式。

我国民宿的发展起步较晚，行业力度较弱。各发展阶段如表 3—3 所示，民宿的出现使得我国景区住宿设施发生了较大的变化，景区从住宿基本功能向突出旅游特色、吸引游客转变，这也对景区住宿服务的管理提出了较大的挑战。

表 3—3　我国民宿发展阶段

发展阶段	20 世纪 90 年代：萌芽阶段	21 世纪初期：发展阶段	2010 年以后：拓展升级阶段
关键字	低端、分散、农家菜	个性化、情怀	精致化、中高端、小而美
自身规模	乡村个体农家乐	品牌化发展，区域拓展、模式复制	美丽乡村改造、集群式发展，形成民宿度假区域
主要功能	主要承担住宿及餐饮功能	关注选址，依托景区发展，如人文古镇、自然山水景区等	成为景区的核心吸引力之一，体验多元化，旅游目的地逐渐形成
民宿档次	价廉、档次低，设施不足	档次升级，设施健全	精品化、中高端、设施完善
民宿主题	基本无主题	个性化开始凸显，主题风格与服务理念开始衔接	关注人文，融入地文化；但同质化问题也不断出现
民宿服务	村民自发的“热情好客”	民宿主个性化、特色化服务	文化交融，定制化活动体验
投资主体	村民自发经营为主	村民个体、村镇集体，以“村外”经营者与投资人居多	政府、酒店集团、跨界、社会资本、众筹等多投资方式

四、景区娱乐服务

(一)景区娱乐服务的含义

景区娱乐服务是指借助景区的设施给游客提供的各种娱乐活动，使游客获得视觉及身心的愉悦，常表现为非物质形态的体验。

(二)景区娱乐服务的内容

1. 按照产生时间和主题划分

从娱乐活动产生的时间和主题看，景区娱乐服务分为传统娱乐活动和现代娱乐活动两大类。如泼水节、赛龙舟、那达慕等传统节庆娱乐活动是民族历史文化的沉积；“又见平遥”等现代新兴娱乐活动体现了旅游者对景区娱乐活动的要求越来越高，需要景区精心策划。

2. 按照场地划分

舞台类这种娱乐服务因景区规模和类型不同而呈现出不同的特色。随着旅游者多元化需求的增加，该类娱乐服务也呈现出多样化的特色。如大型实景演出的出现，扩展了舞台的外延，使娱乐体验更震撼人心。

广场类这是景区最早采用的娱乐形式之一。它是景区为了丰富游客的旅游经历和体验而策划的中小规模的、由游客参与的娱乐活动，活动内容比较丰富。

村寨类——近年来民族旅游受到越来越多的旅游者的青睐，一些民族旅游聚集地相继建立了以民族村寨为特色的景区。游客在景区内可以体验到许多具有民族特色的旅游活动，感受民族文化，获得精神愉悦感。

街头类——该类娱乐活动纷繁热闹，其源于过去或新兴的街头娱乐项目，包括传统项目如评书、套圈、杂技、绘画、街头行为艺术等。这类娱乐项目能有效地烘托景区的旅游氛围，也为艺术爱好者提供了展示的场景。

特有类——该类娱乐活动是景区为了适应旅游者求奇求新的心理，而不断推出的新型娱乐项目，其更新速度很快，如蹦极、滑翔等。

(三)景区娱乐服务的目的和意义

①有利于提高游客的体验和满意度。景区娱乐不仅能让游客欣赏到精彩的节目，同时也能让游客参与到娱乐活动中，在旅游体验过程中获得较好的旅游体验，从而吸引游客重游景区。

②是景区直接创收的重要途径。作为旅游七要素之一的“娱”，利润空间较大，是景区创收的途径之一。

③拉动景区内相关产业发展，实现景区间接创收。景区娱乐项目的开发，不仅可以延长游客逗留的时间，还可以改善景区收入的模式，拉动其他六要素的发展，实现景区间接收入。

(四)景区娱乐服务管理总体要求

①保证各种娱乐设施设备完好。景区工作人员应加强对娱乐设施设备的定期维护和保养，必须在每天上岗前认真检查所有娱乐设施，保证其

处于良好的使用状态，确保游客人身安全。

②提供清洁卫生的娱乐环境。景区工作人员应保持娱乐项目区域的清洁卫生，每天上岗时、下岗前要认真打扫，为游客提供一个良好的体验环境。

③注重工作人员的素质培养。景区工作人员的培养是一项艰巨工程，应培养员工的学习能力。景区员工应具备良好的职业道德、文明素质、娴熟的技能和良好的心理素质，为游客提供高质量的服务。

④做好娱乐项目的配套服务工作。景区工作人员应耐心、细致地为游客讲解娱乐项目及设施的使用注意事项。对于过于刺激的娱乐项目，应事先告知游客娱乐活动的危险性，提醒其注意游乐安全。

总之，景区应保证为游客提供舒适、安全、清洁的娱乐环境，热情周到的服务，使游客有宾至如归之感，有利于塑造景区的旅游品牌。

第四章

景区旅游产品开发与管理

第一节 景区旅游产品概述

一、景区旅游产品的概念与特点

(一)景区旅游产品的概念

景区是一个地理区域概念,景区产品则属于经济概念。景区产品是一种服务业产品,是一种有形产品和无形产品的组合,比如主题乐园类景区产品是由有形成分的游乐项目和无形成分的项目刺激感和园区新颖独特氛围所组成,历史文化类景区产品则通过展示有形物品的样式、颜色、雕饰和无形的文化渲染和精神烘托构成。从狭义的角度来说,景区产品是一种单项产品,是旅游景区借助一定的旅游资源、景观、设施,向旅游者提供的满足其心理需求的有形旅游活动项目和无形服务的总和。从广义的角度来看,景区本身对于旅游者而言就是一个吸引源,景区产品是景区内多种单项旅游项目的组合,景区产品是景区提供给旅游者的一次经历和体验,不仅包括景区活动项目,还包括景区的服务设施、景区的服务和管理,因此,景区产品是一种整体产品。广义的景区产品包括核心产品——旅游景区吸引物、有形产品旅游景区活动项目、扩展产品——旅游景区管理与服务三个部分。

1. 核心产品——旅游景区吸引物

吸引物是旅游业赖以生存之本,旅游吸引物促生了游览活动的产生,旅游吸引物是旅游业的核心,是人们前往旅游目的地旅行游览的动机源泉，是景区经营和招徕游客的招牌，也是旅游景区赖以生存的依附对象。欧洲旅游委员会（European Travel Commission）指出，旅游吸引物的存在价值是满足公众娱乐、兴趣和教育的需求。

景区吸引物是景区标志性的观赏、游览和娱乐物，是景区旅游产品中最突出、最具特色的自然景观或历史文化。从需求角度而言，游客正是为了观赏或体验景区某一独具特色的对象物，才开展前往目的地的旅行，如北京的长城与故宫、西安的秦兵马俑，都是以其独特的建筑景观和文化特质吸引来自世界各地的游客前往观光游览。从供给角度而言，景区吸引物不仅依靠旅游资源自身的独特性来吸引游客，更需要开发者将资源的独特性用一定的方式进行内涵的挖掘，将其独特性表现出来，通过景区旅游产品定位、形象塑造和宣传，把景区旅游资源中最吸引人的、最突出的特色，向特定的旅游消费群体展示出来。

以遗产型景区为代表的绝大多数景区吸引物的源泉是自然或人文旅游资源，而旅游资源具有变异性特点：一方面，旅游资源在产生时并非具有旅游的属性，后因某种原因发生了质的变化或迎合了旅游者的需要，使其成为具有吸引力的旅游资源；另一方面，某些旅游资源因人为破坏或游客偏好改变，其旅游吸引力逐渐消失，退出旅游资源的范畴。

核心产品是顾客购买的主要对象，满足顾客的核心利益和主要需求，购买者通过所购买的产品来满足个人追求的核心价值或基本效用。然而，从市场细分的角度来看，不同类型的顾客具有不同需求特点，不同类型的顾客所追求的产品核心价值也有所不同，某一特定产品无法满足所有类型顾客的核心利益需求，景区旅游产品也是如此。因此，景区核心产品便具有吸引力的定向性或特定性，吸引力的定向性决定了景区在挖掘核心产品时，需先进行客源市场分析，针对特定客源市场需求，确定核心产品主题定位，通过特定形象塑造和产品呈现方式，满足特定旅游者群体需求，比如青年和少年群体，更在意景区产品的参与性、娱乐性和异质性。

2. 有形产品——旅游景区活动项目

景区活动项目是突出景区旅游资源特色，展示景区旅游资源吸引力要素，围绕景区主题举办的常规性或周期性供游客观赏、参与体验的各种类型的游览性或娱乐性活动。景区活动项目是景区旅游吸引力的外在物化表现形式，正确的活动项目选择能使景区更具吸引力，使旅游者感受到景区的魅力，满足旅游者的需求。如橘子洲的焰火燃放活动，以橘子洲为载体，以湘江与岳麓山为幕布，以浏阳烟花文化为吸引源，打造一场场视觉盛宴，将山·水·洲·城的独特城市景观展示给游客，自2010年8月28日启动长沙橘子洲周末焰火燃放暨中国浏阳音乐焰火大赛开始，此后每周六晚的橘子洲焰火燃放活动为长沙城每年吸引来了数以百万计人次的国内外游客，曾一度出现“到长沙不去橘子洲看一场烟花不算到过长沙”的说法，橘子洲头的焰火曾成为长沙城的一张旅游名片。

3.扩展产品——旅游景区管理与服务

扩展产品是顾客购买产品时所能得到的附加服务和利益的总和，顾客购买产品时，虽优先考虑核心产品与有形产品，但扩展产品的质量会影响顾客的消费体验与后续重复购买行为。在面对同类产品的竞争时，扩展产品的好坏直接影响消费者的重复购买意向与向他人推荐的意愿。

景区旅游产品是一种服务业产品，服务是景区产品中不可或缺的内容，旅游者消费的景区产品归根结底是一种服务体验。景区产品的服务性，决定了景区产品无法像工业、农业等行业的有形物质产品般复制，景区旅游产品质量的高低受到现场服务水平的影响，所以加强景区服务过程管理是至关重要的。景区服务管理包含了三个方面：一是对景区员工的管理；二是对景区服务设施的管理；三是对景区游客的管理。景区员工管理包括对员工工作能力和工作态度的管理。景区服务设施管理包括景区内餐饮、住宿、导识标识、景区内停车场、景区游览和休憩设施的管理。对于旅游者而言，旅游的价值不在于旅游景区内有多么高大上的设施，而在于游客身处其境时从视觉、嗅觉、听觉和味觉等方面的切实感受，景区服务设施管理体现在设施布局的合理性、安全性与卫生整洁性方面。景区游客管理包括游客数量调控和游客环境行为管理，通过游客管理确保游客的游览质量和安全，让游客的体验达到最优化，尽量避免游客活动对景区带来的不可逆性负面影响。

(二)景区旅游产品的特点

1. 整体性

通常一个景区的产品是由多个单项景观和单项活动项目组成，景区产品既包括有形的物质产品也包含无形的服务产品，最大产品是景区核心吸引力、景区活动项目和景区服务管理的综合体。旅游者在选择购买特定景区的产品时，常常不会只考虑某一项活动项目或服务的价值，而会对景区的各个单项产品、活动项目及食住行等服务加以综合考虑。因此，从旅游消费者角度而言，景区旅游产品是一项综合性的整体产品，最大产品开发应围绕景区核心吸引力而进行相关活动项目、服务配套的开发，景区服务管理也是景区产品中不可或缺的重要组成部分。

2. 生产与消费的同步性

景区产品由有形产品与无形服务共同构成，从旅游消费者视角来看，景区产品的消费过程是一种自身体验形成的过程，在这个过程中，景区有形物质产品是游客体验感形成的基础，景区内提供服务的工作人员的服务态度和服务能力会影响游客的体验感，游客游览时的景区环境也会对游客的体验感产生相应影响。因此，景区产品与工业或农业产品不同，提供服务的工作人员和环境地点也成为影响产品质量的重要因素。景区产品的生产与消费的同步性，决定了加强景区服务管理和环境管理的重要性。

3. 不可储存性

景区产品作为一种服务产品，无法像工业或农业产品般储存起来，如果不适时售出，无法在将来实现其价值。作为一种不可储存的产品，游客在消费之后能带走的仅是一种经历、一种体验，而不能将购买的产品储存起来待日后消费。

4. 易波动性

景区产品的易波动性一方面由构成景区单项活动项目或产品的自然环境因素的季节性和气候条件不确定性造成，以自然景观为核心吸引源的景区产品，在缺乏相应自然条件时，则无法形成相应的产品。另一方面，景区旅游产品消费属于高层次的精神消费，人们一般在满足了生产、安全等低层次的消费之后，才会追求高层次的精神生活，所以区域环境的变化等因素，均会对景区产品的生产与消费带来影响。

5. 共享性

景区产品通常是在公共区域内生产和消费的服务性产品，是一种一对多的产品形式。同一景区内，同时段的旅游者共同购买并共同消费景区产品，不存在严格意义上的排他性。

同时段购买该产品的游客的消费行为会产生相互影响，使用者间相互矛盾的期望和需求；会削弱游客游览时产品的品质；与之相反，使用者间相互契合的希望与需求，会增强景区产品的品质。比如游览水上乐园时，游客在水中的不文明行为，会对同时空游览游客消费景区产品产生负面影响；而在游览情人谷时，其他情侣的浪漫行为会对单个情侣游客消费旅游产品产生积极影响。所以，旅游景区做好环境容量控制和调节，加强游客行为管理，对提高景区旅游产品质量有积极作用。

二、景区旅游产品的类型

不同类型旅游者的需求有所不同，且随着经济和旅游业发展，旅游者需求日趋多样化，为满足不同类型旅游消费群体需要，旅游景区产品类型也日渐丰富。每一种景区旅游产品给旅游者带来的体验感不同，了解不同类型景区产品的特点，开发出能满足特定游客需求的产品，是景区经营管理的重要内容。景区旅游产品的类型众多，根据不同的划分依据可将景区旅游产品划分为不同的类型。

(一)根据景区产品核心吸引力要素分类

景区产品的核心吸引力要素通常有人文景观要素、自然景观要素、人造景观要素和科技要素，根据产品核心吸引源不同可将景区旅游产品分为人文与自然景观型、人造景观型和科技景观型三种类型。

1.人文与自然景观型

人文与自然景观型产品的主要吸引源为具有当地特色的自然山水或人类历史形成的文化古迹和遗址等，在旅游业发展的早期阶段，旅游者前往旅游目的地旅行，通常是受到旅游目的地特色的人文或自然景观类产品的吸引。所以，在旅游景区开发的初期阶段，各地开发的人文与自然景观类景观产品较多。人文与自然景观型产品有浓厚的地方特色，绝大部分人文与自然景观无法离开特定的区域，在开发中受地域的局限也就十分明显。比如张家界的奇山异石、桂林的漓江风光，都是经过亿万年的自然作用形成，其他景区无法复制这类产品。

2.人造景观型

人造景观型产品通常借鉴或仿造异地的人文或自然景观，一部分人造景观是将异地著名的人文或自然景观等比例缩小后移植到一定空间，另一部分人造景观则是将异地的历史或文化人物和故事加以人工塑造，然后呈现在游客面前。前者比如曾风靡我国的世界之窗，后者比如迪士尼乐园。人造景观型产品能突破时空限制，但人工雕饰痕迹明显，其吸引力无法与其模仿的著名人文与自然景观产品相比，同时因缺乏自身独特性，容易被同类型景区照抄照搬，这类产品产生的吸引力难以持续。

3.科技景观型

随着大众旅游时代的到来，人们出游的机会日益增多，旅游经历越来越丰富，观赏到的人文与自然旅游产品日益增多，传统的人文与自然景区旅游产品带给旅游者的新鲜感逐渐降低。将现代科技与传统景观相结合，能为旅游者营造出一个充满趣味和新鲜感的崭新文化空间，打造出全新的景区旅游产品，更好地满足游客求新、求奇的需要。比如湖南浏阳的天空剧场，以“焰遇浏阳河”为主题，将现代科技元素的无人机灯光秀、整体·360度魔方舞台、激光灯光与传统的焰火燃放、节目表演等相结合，打造出一个融合“人、声、光、电、影、景、剧、焰”的全情境表演产品。

(二)根据景区产品的功能分类

按照景区旅游产品对旅游者视觉体验满足程度不同，可以将其分为陈列式、表演式和参与式三种类型(见表4—1)。

表4—1 不同功能景区产品分类与特征

景区产品类型	细分类别	产品功能	产品举例
陈列式	自然风景名胜	最基本的景区产品形式，满足游客的视觉需求	桂林漓江，张家界金鞭溪
	人文历史遗迹		北京故宫，长沙岳麓书院
表演式	古代文化类	通过对民俗风情、历史文化的动态展示，让游客对景区产品的感知由“静态”变成“动态”，满足游客客户视觉、听觉等体验需求	唐乐舞、编钟乐器表演
	地方艺术类		花鼓戏表演
	民俗风情类		苗族歌舞表演，土家族哭嫁表演
	动物活动类		蒙古族赛马，西班牙斗牛
参与式	游艺类	游客能自主选择活动，游客通过亲身参与活动，满足视觉、听觉、嗅觉、味觉、运动觉等多种知觉体验需求	模拟枪战，灯会猜谜语 跳竹竿舞，转九曲
	人与人类		泰式按摩，球类比赛
	人与动物类		钓鱼，骑马
	人与自然类		滑草，温泉疗养
	人与机器类		过山车，低空飞行

1. 陈列式

陈列式景区产品通常以静态方式存在，主要满足游客的视觉体验，这类旅游产品多以自然风景名胜和历史人文古迹为产品的核心。陈列式景区产品是最基本的旅游产品类型，也是景区产品开发初期的主要产品形式。

2. 表演式

表演式产品由静态呈现变成动态演艺，通过演员们对故事情节的表演，满足游客视觉、听觉等感官体验，这类旅游产品常以文化内涵为核心吸引源。表演式产品的出现是游客对景区产品的消费需求向纵深发展的结果。

3. 参与式

参与式景区产品以游戏娱乐和游客的亲身体验为主要内容，满足游客视觉、听觉、嗅觉、味觉、运动觉等多种知觉体验需求，游客能根据自身喜好自主选择产品，这类景区产品对旅游者吸引力相对更加持久。

(三)根据景区产品的性质分类

依据游客休闲的目的不同,可将景区产品分为观光型、度假型和专项型三类。

1. 观光型产品

观光型产品是借助自然风光、历史文化、民俗风情等,为游客提供的观赏、游览、体验型的景区产品。观光型产品是景区产品的初级形式,通常以名川大山、秀水奇石、洞穴瀑布等独特自然地理风光为核心吸引源,或者以历史文化、古迹遗址、风俗民情等人文活动遗留物为核心吸引源。观光型产品的参与性较低,游客在同一地停留时间不长,重游率不太高,消费水平相对有限。

2. 度假型产品

度假型产品是旅游者在一定时间内在特定度假区消费的景区产品。游客度假地停留的时间比消费观光产品时停留的时间长,在单位时间内的花销更大,游客对景区环境、景区设施设备的完整性和服务质量的要求更高。度假型旅游产品更注重游客在活动项目中的参与性,尤其注重产品中人与自然和人与机器互动的元素。目前的度假型产品主要有城郊型、高山雪原型、海滨海岛型、温泉疗养型、内陆湖泊山水型、山川游园型六大类。

3. 专项型产品

专项型产品以专门化、主题化、特种性为主要特征,专项产品的大规模开发是基于经济发展水平不断提高、旅游者对旅游产品的个性化需求逐步增强。随着经济的不断发展,旅游成为一种生活方式,人们对旅游过程中个性化、深度化的体验需求不断升级,在旅游市场中,追求“想玩就玩”“旅游由我做主”的自主旅游方式逐渐被认可。自主旅游的目的以满足休闲、度假、求知、探险等不同层次的旅游需求为主,伴随旅游者个性化需求的深化,景区旅游产品也不断以创新为引领,向着主题化、特种化、品牌化方向发展。景区专项产品有体育运动休闲类(如溯溪、攀岩、探险、冲浪、高尔夫等),特种类(如低空飞行、狩猎、驼队、驾车等),节庆类(如福地过大年、元宵灯会、七夕主题灯光秀等),以及会议类、会展类、生态类等。

三、景区旅游产品开发

(一)景区旅游产品生命周期

随着市场需求的变化,任何产品在市场上的销售量和获利能力都会发生一定改变,这种变化通常历经产品的初创、成长、成熟和衰退四个阶段,就像生命的历程一般,所以叫作产品生命周期。

1. 产品生命周期

1966 年,美国哈佛大学教授雷蒙德·弗农(Raymond Vernon)在《产品周期中的国际投资与国际贸易》一文中首次提出了产品生命周期理论。弗农认为,产品和生物一样具有生命,并将产品从面世、引入市场、成长成熟、衰落退出市场的全过程,称之为产品生命周期。

(1)引入期。是指新产品设计出来后刚投放市场阶段,该阶段,顾客对产品的了解很少,除了少数追新猎奇型顾客外,购买该产品的人很少。在此阶段,产品生产量小,销售量有限,投入的广告等成本费用较大,产品获利能力极小。

(2)发展期。产品经理引入期后,如果能被顾客熟悉和接受,则进入发展期。发展期的产品销售量攀升,销售额增加,单位产品的生产成本下降,销售利润不断增长。

(3)成熟期。随着购买产品人数的不断增加,市场需求趋于饱和,成品进入成熟期。此时,产品的销售体量达到巅峰,销售量的增长速度缓慢,直至停止增长,产品的销售利润逐渐降低。

(4)衰退期。随着新产品和替代产品的出现,顾客消费习惯逐渐改变,产品进入衰退期。此时,产品的销售量和利润持续下降,产品慢慢退出市场,该类产品的生命宣告结束。

2. 景区旅游产品生命周期的特点与调控

大部分景区产品与普通产品一样,会经历由引入到衰退的生命历程,每个阶段会呈现出不一样的特点。但景区产品又不同于普通产品,在它的生命周期中也有自己个性化的特点。

(1)景区旅游产品生命周期的特点

虽然大部分景区产品的生命周期与普通产品相同,但对于以教育、环保等公益目的而生产的景区产品来说,其收入来源并非主要来自游客的消费,所以它的成熟期也不是游客流量饱和或同类产品激烈竞争的表现。与普通产品的生命周期相比,景区旅游产品生命周期呈现出如下自身特点:

第一,有些景区产品可能永远不会消亡。例如一些公益性博物馆、世界遗产等,为了符合公众利益,免费对人们开放,景区依靠政府财政投入来维持日常运营,产品也不会因营利能力衰减而退出市场。

第二,景区产品可以通过更新改造或升级换代来延长生命周期。景区产品在进入衰退期后,景区经营者可通过调整产品的内容,使原有产品焕发新颜进入复苏期,而非直接退出市场。

第三,人造景观的生命周期越来越短。通常人造产品的核心吸引源缺乏独特性,产品形式容易被竞争对手模仿,导致竞争越来越激烈。随着可选择的同类型产品不断增多,旅游者会迅速降低对人造产品的认可度。因此,人造景点经营者需要缩短产品的改造时间,不断推陈出新。

(2)景区旅游产品生命周期调控

景区旅游产品调控主要指对进入衰退期产品的调控,景区产品可通过产品内容的部分调整和在原有产品中加入新的元素,满足旅游者追求"新、奇、异"的需要,从而使进入衰退期的产品焕发新的活力,使产品进入复苏期。景区旅游产品生命周期调整的途径在于创新,景区产品创新的方法有主题创新、结构创新和功能创新三个方面。

第一,主题创新。是指根据产品原有文化内涵,塑造一个能被目标群体接受的新主题。比如浏阳将传统烟花节与爱情相结合,打造世界表白之都的主题。

第二,结构创新。是指调整原有产品的单一性结构,将观光型产品与参与型产品相融合,在静态产品中加入动态要素,在人文自然景观产品中加入科技元素。比如位于爱丁堡市中心的动态地球博物馆，利用科技力量，着重于为参观者提供丰富多样的动态体验，让参观者身临其境地感受火山、地震、海洋、冰川、雨林等种种地貌和气候环境，了解令人敬畏的宇宙力量。

第三，功能创新。景区产品从功能的角度而言，可分为基础层的陈列式观光产品、提高层的表演式展示产品和纵深层的参与式娱乐产品。在景区产品的开发初期，多开发的是陈列式观光产品，产品缺乏参与性，游客多是走马观花式被动接受产品，对景区产品的主题体验不深刻，在景区停留的时间较短，重游率不高。景区产品的功能创新，就是要深入挖掘景区核心吸引力的文化内涵，以文化感染人，注重形式创新和文化氛围的烘托，开发出既有观赏性又有艺术性和参与性的沉浸式娱乐项目。

(二)景区旅游产品开发原则

1. 依托资源原则

景区旅游资源是景区产品开发的背景，是景区核心吸引力产生的源泉，景区产品开发中不能凭空捏造，应充分挖掘本地资源特色和文化内涵，打造产品的独特性。

2. 依托市场原则

大部分景区产品开发的最终目的是盈利，而产品盈利的前提是获得旅游者的认可并愿意购买该类产品。因此，景区在进行产品开发前，必须对客源市场中目标群体的喜好、消费能力、消费特点等进行调查和分析，根据目标市场游客偏好设计出吸引力较强的旅游产品。

3. 突出主题原则

产品开发与设计应围绕某一主题展开，围绕主题展现产品的文化特色，烘托出相应的文化氛围，以增强对目标消费群体的吸引力，形成产品规模，产生品牌效应。

4. 塑造品牌原则

品牌具有强大的号召力和导向功能，要想使景区产品在激烈的市场竞争中取胜，塑造品牌和加强品牌管理将必不可少。通过景区产品品牌塑造，增加旅游者对景区的信任度，激发更多潜在消费者前往景区消费产品。通过景区产品品牌管理，适当地开展周边产品经营，延伸景区产品产业链。

5. 创新性原则

景区产品创新既是对新产品的开发设计，也指对原有产品的更新与完善。随着经济的发展，人们的收入不断提高，旅游已发展到自主旅游阶段。自主旅游阶段的旅游者需求更加个性化、自主化和深度化，越来越多的旅游者希望旅游过程中有独一无二、印象深刻的体验内容。在自主旅游时代，人们因利益诉求、价值观念、生活选择不同，逐渐分化出不同圈层，形成了小范围或小圈子的个性化旅游需求，这种需求更深入、更独特，不同圈层的需求差异较大。这就要求旅游产品提供者必须根据目标市场的需求特点进行市场细分，不断进行创新实践，升级产品内容和体系，提供满足旅游者需求的旅游产品。

(三)景区旅游产品开发类型

随着经济发展水平的提升，旅游成为人们的一种生活方式，外出旅游不再随大流，更注重旅游产品的个性化，人们外出旅游的目的以满足休闲、度假、娱乐、求知、探险等不同层次的旅游需求为主，消费从“购买商品”向“购买体验”转变。随着人们旅游消费水平的升级和消费观念的转型以及旅行经验的日渐丰富，越来越多的旅游者愿意花费精力去体验旅游目的地更深层次的历史文化内涵和风土民情全貌，深入产品生产制作场景，体验生产制作过程。为满足旅游者对产品的需求，景区在产品开发中也需要突出深度体验、文旅融合、文化创意理念等要素。

1. 旅游体验产品开发

(1)旅游体验的概念

美国学者B.约瑟夫·派恩和詹姆斯·H.吉尔摩在《体验经济》一书中提出，体验是一个人达到情绪、体力、精神的某一特定水平时意识中产生的美好感觉，它具有互动性、不可替代性、深刻的烙印性等特点。每个消费者获得的体验结果都是独一无二的，体验过程不可复制、不可转让、稍纵即逝。从体验的本质来看，体验是“通过亲身实践来认识周围的事物”或“在实践中认识事物”。

随着消费者需求水平变化，体验的价值正在被人们认可，以“体验”为核心创造的新产品、新服务如雨后春笋般出现，并成为一种潮流，体验已成为驱动商业与经济发展的核心动力。继《哈佛商业论坛》提出“体验式经济时代”已经来临之后，昭示经济发展进入一个新纪元：体验经济逐渐成为服务经济之后的又一个经济发展阶段。所谓体验经济，就是以服务为舞台、以商品为道具，通过感觉和记忆使消费者对某种事物或现象留下深刻印象或丰富感受的经济形态。科学技术的高速发展，使企业有能力提供众多的、别出心裁的体验，而处于激烈竞争中的企业不得不寻求新出路，追求产品的新卖点，企业从产品到商品再到服务，纷纷注入体验元素，这使得体验经济得以发展。

伴随以追求个性、自身体验、自主选择为主要特征的自主旅游时代的到来，旅游企业也越来越关注旅游者的旅游体验，开发体验式旅游产品。关于旅游体验，谢彦君认为是“旅游个体通过与外部世界取得联系，从而改变其心理水平并调整其心理结构的过程，这个过程是旅游者心理和旅游对象相互作用的结果，是旅游者以追求旅游愉悦为目标的综合性体验”。郑向敏和王瑜认为，旅游体验是“旅游者在旅游景区游览过程中，以个性化的方式参与其中的事件，通过观赏、交往、模仿、消费等手段，在意识中产生美好感觉，从而感受到放松、变化、新奇、刺激等的心理变化”。

(2)旅游体验的类型

谢彦君教授将旅游体验分为审美体验、补偿体验、逃避体验、认知体验和极端体验。

①审美体验。旅游审美体验有别于一般的审美体验，旅游活动本就是一种审美活动，旅游地通过对各种美学要素的集中表现和倾向性引导，让游客欣赏到自然美、文化美、民俗美、人文美。在旅游活动中，不同年龄、不同文化层次、不同兴趣的游客对美的体验层次和深度有所不同。因此，景区的旅游产品开发也存在层次的差异。浅层体验性产品只能满足旅游者视觉、嗅觉、味觉、触觉、运动觉、平衡觉等感官愉悦和舒畅；中层体

验产品能让旅游者融入产品中，抒发自身情怀，获得一定知识；深层体验产品能让旅游者获得深刻的审美感悟，思考人生哲理，激发对生活的热情。比如，宁夏从2019年开始打造“星星的故乡”文旅主题项目，开发了以星空为主题的“沙漠星星酒店”和黄河、长城、草原等观星营地以及星空朗读大会、观星研学旅行等活动项目，即一种深度体验产品。

②补偿体验。补偿性旅游体验是旅游者心理或生理处于结构失衡状态下而寻求化解的一种途径。比如当人们在日常生活与工作中处于高度紧张状态时，则会通过选择轻松的度假旅游方式来补偿这种失衡。补偿性旅游体验按照功能不同，又可以分为机能补偿体验、关系补偿体验和环境补偿体验。

③逃避体验。也叫超脱现实体验或遁世体验，这种体验产生于人们对现实生活的逃避，希望寻求一个理想的精神家园，暂时逃离眼前生活的苟且，享受诗与远方。在古代，文人士大夫们就曾开展过遁世旅游活动，比如魏晋时期的“竹林七贤”，因对当时复杂的政治环境感到无力与厌倦，于是选择与知己好友将情绪寄托于园林山水之中。当今，人们选择到陌生的环境中游山玩水，享受闲暇，暂时抛开日常烦恼，以达到释放压力、调节情绪的目的。

④认知体验。也叫教育体验。旅游认知体验是通过旅游活动获取关于自我、世界等方面的知识的体验活动。在物质生活越来越富足的时代，人们外出旅游时并非单纯地为了享受最浅显的娱乐和简单地满足感官需求，还会想要在旅游中获取一定知识、在娱乐中获得成长等精神层次的满足。比如长沙新式餐饮企业“文和友”的成功，便是得益于将文化融入餐饮中，让人们在饮食中直观地感受到老长沙的街市文化，获得新的认知。

⑤极端体验。极端体验是对常规体验的挑战，对社会常规的反叛，是为了追求解除束缚、复归原始的体验。尼采的“酒神精神”、西美尔追求的“冒险”体验、毕加索画作中的抽象表现等，都是极端体验的表现。旅游活动中，蹦极、高山滑雪、旋转过山车等极端体验产品受到了希望打破束缚的游客的热捧。极端体验在瞬间释放了束缚，获得了极度愉悦的快感。

(3)旅游体验产品开发原则

①目标市场导向原则。景区产品要为了满足旅游者需求而开发，以目标市场的消费者需求为开发导向，最大限度地满足目标旅游群体的需求。

②参与性原则。旅游体验有感官愉悦体验、审美愉悦体验、求知愉悦体验、忘我愉悦体验等类型，这些体验均以旅游者参与活动为基础。景区旅游产品设计，首先应满足旅游者低层级的感官体验需求，设计能满足旅游者各个感官需求的综合性产品；其次，产品中应体现自然和人文等美学要素，使旅游者在活动中获得审美愉悦体验；再次，将娱乐与知识相结合，寓教于乐。总之，要使旅游者在旅游产品中获得超值体验，景区在产品设计中需要融合从初级到高级的体验元素，使旅游者在参与活动项目时产生心灵共鸣，获取身心全方位的愉悦。

③系统性原则。旅游者在旅游活动中的体验是一种整体体验，从外部因素来说，体验的整体性体现在游客对活动项目、物质产品、游览环境、工作人员的服务的感知等多个方面。从旅游者内部来看，体验的整体性体现在旅游体验包括了感官、审美、求知、忘我等多方面的体验。因此，景区在旅游体验产品开发时，首先要进行产品主题的提炼，然后围绕主题设计相应的物质环境和美学元素，使整个旅游景区成为一个统一协调的整体，将单个旅游活动项目用主脉络串联起来，让旅游者能在旅游活动中获取完整的旅游体验和较高的旅游愉悦感。

(4)旅游体验产品开发步骤

①景区环境分析。景区环境分析包括对宏观环境进行政治、经济、社会、技术等分析(PEST 分析)和对微观环境进行优势、劣势、机会、威胁分析(SWOT 分析)。进行宏观环境分析能减少产品设计和经营的外部阻力，进行微观环境分析则有利于突出产品的优势，避免因区域市场饱和而带来的恶性竞争，提高景区产品的竞争力与吸引力。

②市场需求调查。成功的景区产品应能为旅游者带去他们想要的体验感，因此在产品开发之初，应对目标客源市场的消费者进行需求调查，

了解旅游者想要什么、对什么感兴趣、什么样的产品最能打动旅游者。

③体验主题提炼。体验主题是整个景区的灵魂，可将景区零散的单个活动项目串联起来，赋予每个项目精神内涵，让项目间形成有意义的内在关系，最终为游客创造整体性旅游体验，给游客留下难忘的旅游回忆。景区产品体验主题提炼时，第一要突出新颖性，避免与其他景区主题雷同，这样能更好地激发旅游者求新、求奇的旅游动机；第二要有一定的本土性，从本质上说，旅游是一种异地性活动，人们选择前往异地开展游览活动，在一定程度上是为了逃避惯常居住的生活环境、了解新的知识，具有本土性和地域特色的产品主题能更好地满足旅游者获取新知识的需要；第三要遵循可接受性原则，提炼的主题应是目标群体能接受的，是受众喜闻乐见的，比如"焰遇浏阳河"的主题更适合青年消费群体。

2. 文化旅游产品开发

(1)文化旅游产品的概念

文化旅游产品是被旅游企业或相关组织开发出来的，以特定文化元素和文化主题作为核心吸引力，具有鲜明文化特色，供旅游者游览消费的产品。文化旅游产品具有鲜明的文化特征，它以文化作为产品的载体，通过建筑、文物等静态形式或文艺演出、文化娱乐等动态方式表达文化内涵。同时，文化旅游产品通过文化载体表达一定的精神要义或价值观念，文化旅游产品起着一定的文化传承作用。优秀的文化旅游产品既能满足旅游者感官上的审美愉悦体验，也能传递一定的文化精神。文化旅游产品是体验经济时代最具代表性的体验产品，文化旅游产品最大的特点是同时满足旅游者在感官与精神层次的需要。

(2)文化旅游产品的基本类型

文化旅游产品的表现手法不一，表现形态也呈现出多样性。

①文化主题景区：在一定区域内依托某一种特定文化主题开发的文化旅游产品。文化主题景区可以是以某一时代的古文化遗址，也可以是以某一文化主题开发的主题公园，例如西安秦始皇帝陵博物院、杭州宋城。

②历史文化街区：人类文明史上先人们日常生活场所的建筑遗存，通常是历史文化名城的有机组成部分，例如长沙的太平老街、武汉的户部巷。

③创意文化园(街)：在特定地理区域围绕某一文化主题人为开发出来的有一定产业规模的特色文化产品。创意文化园区是集生产、交易、休闲、居住为一体的多功能园区，它推崇创新及创造，强调文化艺术对经济的推动作用。近年来，创意文化园区越来越受到游客的喜爱。

④节庆文化类文化旅游产品：通过节日或固定庆祝活动形式，向人们展示某种特定文化或人文精神的旅游产品形式，包括特定的文化仪式、文艺活动、异域情调的习俗等，例如潍坊国际风筝节、曲阜国际孔子文化节。

⑤演出类文化旅游产品：以当地特色文化为依托，以演艺作品为表现形式的旅游产品。近些年，随着人们旅游体验需求的不断提升，旅游演出类产品成为各景区重要的产品类型，例如桂林的《印象·刘三姐》、张家界的《遇见大庸》沉浸式演绎秀。

⑥文化故事类产品；将人文故事与自然景观以及自然界的动植物相结合，赋予天地日月、江河湖海、花草树木、鸟兽鱼虫等情感、意趣和精神品格，例如华山的"劈山救母石"、张家界天子山的"采药老人"。

(3)文化旅游产品的开发原则

①突出个性化文化主题。在某一区域内，通常存在不同民族、不同时代、不同层次的文化，不同类型的文化又有不同的外在物质表现形式。在景区旅游产品的开发中，要选择特定区域内最具个性的文化进行表达，并将能够正确表达个性文化主题的物质产品进行加工、宣传、推广。文化主题特色越鲜明、越独特，对于旅游者的吸引力就越大。

②符合目标市场需求。旅游产品开发最终目的是要旅游者接受该产品并愿意为此买单，在文化旅游产品开发中不能仅注重个性化，这种个性化应是目标市场愿意接受的个性化文化。例如，曾在民俗文化村流行的"坐花轿"类产品，因缺少婚俗文化氛围，消费者的接受度不高，最终没落。

③彰显主流文化价值。文化旅游产品具有一定精神寄托意义和教育意义，比如革命圣地肩负着爱国主义教育意义。因此，在景区文化旅游产品开发时，应避免选择文化糟粕类展现主题。

④突显产品的深度体验性。文化产品的魅力在于能让人们产生精神上的共鸣，而精神共鸣的产生需要深度体验产品作为桥梁。体验性产品既有浅层次的感官愉悦类，也有深层次的忘我愉悦类，旅游文化产品如果想要触及旅游者的灵魂，让旅游者产生内心共鸣，就需要加强产品中的参与元素，让旅游者在活动项目的深度参与中获得精神的愉悦感。

(4)文化旅游产品的开发步骤

①挖掘文化旅游资源内涵。挖掘文化旅游资源内涵是文化旅游产品设计的前提，旅游景区在挖掘整理当地文化资源的基础上，梳理资源文化脉络，提炼出最能表达当地文化特色且有一定价值的文化主题，围绕核心文化主题重塑文化产品和品牌形象。

②打造多种表达形式的文化旅游产品。文化旅游产品的打造，既包括对遗失于现实生活但存在于典籍中的具有开发价值的非物质文化资源进行整理与呈现，也包括对已经开发利用的文化产品进行创新性开发。景区在文化旅游产品打造时应从观览、参与体验、知识教化等多个角度进行设计，突出产品异时、异地的文化风格和独特的文化主题。在文化产品的展现形式上，对于物态文化，侧重于借助可视动态文化载体进行“全方位”展示；对于文化精神，侧重于互动价值的充分利用；对于情感文化，侧重于营造氛围，强调游客的心境体验。

③加强文化旅游产品的情感营销。旅游产品的情感营销是从旅游者的情感需要出发，唤起和激发消费者的情感需要，诱导旅游者心灵上的共鸣。例如黑龙江旅游局在冰雪旅游产品推广中，虚构了一个有关冰雪的人生故事，将五个重要的人生节点儿童、少年、青年、壮年、老年中发生的重要事件，结合黑龙江的冬日风光，还原成五个与冰雪相结合的人生场景，简单的故事，简单的布景，传递的却是黑龙江冬天的温馨，“时间走得飞快，一辈子显得太短”“黑龙江不仅有冰天雪地，还有太多的回忆”迅速

引发受众的情感共鸣。

3. 旅游融合产品开发

(1)旅游融合的概念

旅游融合主要指在政府引导、企业主导、金融支持、市场运作、社会参与的背景下，将农业资源、工业资源、文化资源、商业资源、教育资源、医疗资源等与旅游业结合，实现旅游业与其他行业的创新融合发展，开发出更多精细化、差异化的研学游、文体游、乡村游、海洋游、康养游等新业态产品，延伸产业链，创造产业新价值。

(2)旅游融合产品的类型

①教文旅融合产品。主要指研学旅行产品，目前市场上的研学产品主要有游学类研学和营地类研学。游学类研学旅行以参观、学习和交流为目的，以“游”为核心，注重旅途的体验，营地类研学旅行包括各类人文艺术、科技文化以及军事体育等主题式营地教育产品。随着人们生活品质的提升，教育方式不断多元化，研学旅行有机衔接了理论学习与课外实践、课堂教学与旅行体验，将学习融入旅行体验中，将知识融入游戏活动中，越来越受到学校、家长、学生的认可。据携程官方发布的“2021 暑假旅游大数据报告”显示，休闲亲子游、研学旅行成为暑假定制游的主力。

②农文旅融合产品。农文旅融合产品是指以区域农业优势和乡村特色文化为依托，开发的集农业生产、农事体验于一体，融合农业文明、园艺展示、人文价值、生活趣味等文化元素，实现科学素养教育、旅游休闲娱乐等目的的产品形式。通过“农业＋文化＋旅游”“农业＋康养旅游”等模式的农文旅融合产品开发，形成了独具特色的乡村旅游体验新业态，促进农业与第三产业的深度融合。

③商文旅融合产品。商文旅是指融合购物、服务、休闲、健身、文化、社交等功能于一体的产品形式，这种新业态是商业业态的新拓展，丰富了人们的休闲方式，满足了人们的多样化消费需求。

④医(康)养旅融合产品。医(康)养旅是指在气候适宜、生态环境优良、自然资源丰富的区域开发的健康休闲、疗养度假型旅游产品。医(康)养旅游是人们在物质条件已经满足的条件下，衍生出的精神层面的深度

体验与享受，是通过养颜健康、营养膳食、修身养性、关爱环境等各种形式，使人在身体、心智和精神上都能达到和谐的优良状态的旅游活动。现有医(康)养旅游融合产品主要有文化养生、旅居养生、运动养生、饮食养生、医疗养生、生理美容养生、休闲养生、生态养生八种类型。

(3)旅游融合产品开发方法

①教文旅融合产品开发。影响教文旅产品质量的关键因素：一是研学课程，二是研学服务。因此，在产品开发时，首先要开发合适的研学课程，课程是能否实现研学目的的关键，景区应深挖当地自然与文化资源特色，针对目标市场需求，开发出集趣味性、教育性于一体的研学产品；其次要培养称职的研学导师，景区可采取内部培养导师和与所在地科研院校合作组建研学导师的方式，建设研学导师队伍，确保为研学者提供优质的研学服务。

②农文旅融合产品开发。农村景致、农业文化遍地皆是，农文旅融合产品要想对游客产生吸引力，在开发时，第一要融入职业体验，让游客有机会在农事活动中体验耕种者、厨师等角色，让旅游者在亲身参与农业活动与农业耕作中收获知识；第二要设计一定的民俗文化及风俗民情活动项目，让旅游者在轻松愉悦的娱乐中得到精神的放松。

③商文旅融合产品开发。商文旅融合产品开发要以区域特色商业为要素，在商业中植入文化与休闲内容。商文旅产品开发时，第一步要凝练文化内涵，讲好产品故事；第二步要加强主题宣传策划，明确适当的主题。

④医(康)养旅融合产品开发。应围绕“健康中国”战略，利用地方自然环境与疗养资源优势，开发出“养生、养心、养性、养颜、养老”等功能产品。康养旅游产品开发时，首先要筛选优势的康养资源。康养旅游产品对环境的依赖度相对较高，拥有优势资源是康养旅游产品开发成功的关键。其次要打造符合市场需要的特色康养旅游产品。随着物质水平的提高，人们的康养需求日渐旺盛，当前康养产品遍地皆是，人们在家门口便能实现康养的目的，不一定要选择外出旅游的方式，除非某地的康养旅游产品特色鲜明，能起到更好的疗效。

第二节　遗产型景区产品开发与管理

一、历史人文景观类景区产品开发与管理

在地理学中，景观一般指地球表面各种地理现象的综合体，可以分为自然景观和文化景观两大类。历史人文景观是人类在地表上活动的产物，是人类活动所造成的景观，反映文化体系的特征和一个地区的地理特征。历史人文景观是旅游景区中非常重要的组成部分，其涵盖范围广、内容丰富，主要的历史人文景观有历史文化遗址、红色文化遗址、人类聚落村、博物馆等。

（一）历史文化遗产景区旅游产品开发与管理

1. 历史文化遗产概述

历史文化遗产是一种重要的文化资源，具有历史、科学、社会、艺术、文化等多方面价值，特色鲜明，表现形式多样。

（1）历史文化遗产的特征

历史文化遗产是经过多年历史沉淀，在一定空间地域上形成的物质或精神文明，通常表现出以下特征：

①功能性。不管是残破的还是完好的文化景观对人类社会都曾具有一定功能价值。例如：城市雕塑具有美学享受功能；烽火台可以传递信息。

②空间性。任何文化遗址景观都占据一定的空间，不同文化景观占据的空间大小不一，甚至相差很大，同类文化景观彼此也可能相差很大。此外，每个文化景观所处的空间位置是相对固定的，由于空间的固定性，不同地区历史文化景观表现出相对稳定的文化差异，比如西北的窑洞与南方的吊脚楼。

③时代性。每个历史文化遗址景观都是特定时代的产物，必然带有创造或生产它的那个时代的特点，比如北京的居庸关，历史上是长城沿线的重要关隘，是军事功能的文化景观。

④物质性。物质文化景观是在大自然提供的物质基础上创造出来的那些看得见、摸得着的文化凝聚物，与人类的生产、生活是密切相关的，如农田、道路、城市、乡村、建筑、园林等，其主要的特征是可视性。比如在云南西双版纳林海中的傣家村落，竹楼是当地典型的建筑形式，竹楼的材料和结构既反映了当地的自然环境，也记录了建筑技术水平。

⑤非物质性。精神文化景观是在客观物质环境的作用下由人的文化行为所创造的虽看不见、却可以感知的文化创造物，如语言、法律、道德、价值观、某些艺术等。比如乐器编钟反映了古代人们对音乐的审美情趣。

(2)历史文化遗产的类型

联合国教科文组织《保护世界文化和自然遗产公约》规定，历史文化遗产包括有形和无形的遗产，无形的遗产包括口头遗产类、表演艺术类、社会实践类、传统知识类、文化空间类、传统手工艺技能类等。有形的文化遗产主要有以下三种：

①文物类。从历史、艺术或科学角度看，具有突出、普遍价值的建筑物、雕刻和绘画，具有考古意义的成分或结构，如铭文、洞穴、遗迹遗存及各类文物的综合体。

②建筑群。从历史、艺术或科学角度看，因其建筑的形式、统一性及其在景观中的地位，具有突出、普遍价值的单独或相互联系的建筑群。

③遗址类。从历史、美学、人种学或人类学角度看，具有突出、普遍价值的人造工程或人与自然的共同杰作以及考古遗址地带。遗址是古代人类的建筑废墟以及古代人类对自然环境改造利用后遗留下来的痕迹，如民居、村落、都城、宫殿、官署、作坊等。由于自然和人为的因素，这些遗迹大多湮没埋藏于地下，少数在地面上残存一些高台殿基或残垣断壁，有的则沦为废墟。历史文化遗址又可分为六种类型：皇家建筑遗址，如故宫；古代建筑或工程遗址，如都江堰；古代园林遗址，如苏州园林；等等。

2.景区旅游产品开发与管理

(1)坚持保护性开发

历史文化遗产型景区与一般意义上的景区最大区别在于旅游吸引物

属于遗产型资源，是历史上遗留下来的宝贵财富，这决定了景区的独特性、不可再生性、不可替代性。因此，文化遗产型景区是以保护为前提的开发。同时，开发是为了更好的保护，通过旅游产品开发，为游客提供游览价值，实现经济效益，从而获得更多的保护费用。

(2)注重体现遗产中的特色文化气息

特色文化是吸引游客前往游玩的关键因素，文化遗产景区在开发中要深刻挖掘文脉，确保景区的特色，同时，还要有序挖掘历史遗存，围绕文脉开发建设最具代表性的活动项目。

(3)加强文化遗产型旅游产品的娱乐性表达

目前，文化遗产型景区多以观光和文化表演型产品为主，这种产品形式能让游客进入初级游乐状态，但不能让游客达到忘我的娱乐层次。利用高科技手段或历史情境再现等方式，营造遗产所处历史时空氛围，让游客能深度参与活动项目之中，使游客在动态娱乐中感受文化，提高游客对文化产品的体验质量。

(4)加强文化遗产保护的宣传工作

历史文化遗产是历史上人类活动遗留的物质产物，是一定区域内文化旅游发展的基础，文化遗产一旦被破坏，就可能会失去其文化和游览价值。因此，当地文化主管部门应加强对保护文化遗址重要性的宣传，使当地居民意识到文化遗址的文化、经济价值，树立保护意识，自觉加入文化遗产保护行动之中。

(5)加强政府主管部门的监督管理

完善文化遗产保护的地方法律法规，在“有法可依”的基础上推进文化遗产保护工作；同时，编制历史文化遗产规划，在文化遗产景区开发中，做到有规划可依，杜绝乱建乱拆现象，坚持科学开发，实现合理开发。

(6)加强游客行为管理

文化遗产被开发之后，游客的游览行为有可能会对遗产产生一定破坏性，比如某时段内超负荷量接待游客会对文化遗产造成负面影响，另外游客在景区内乱刻乱画、攀爬、踩踏等不文明游览行为也会对文化遗产产生破坏。因此,文化遗产景区应加强游客流量管理和游客不文明行为管理,避免因旅游开发给文化遗产造成不可逆性破坏。

(二)红色旅游景区产品开发与管理

1.红色旅游景区概述

(1)红色旅游的概念

红色景区是具有现代中国特色的历史人文景观。红色旅游则是我国近年来提出的专有名词,红色旅游是当代对红色精神文化、教育和经济的创新。

(2)红色旅游产品的类型

①革命传统和爱国主义教育型产品。体现国家精神和国家历史进程,以激发爱国主义情感功能为主,如中共一大会址、延安革命纪念馆、抗日纪念馆。

②历史事件产品。将反映国家历史上重大事件的遗址地建设而成的旅游产品,比如古田会议会址、淮海战役纪念馆。

③历史人物类产品。将为国家和民族的解放事业做出过突出贡献、能代表国家精神、具有划时代意义的名人的故居、墓园等建成的纪念类产品。

④主题教育类产品。以爱国主义教育为主的主题产品,比如中国国家博物馆、中国科技馆。

⑤历史怀旧产品。重大历史事件发生地等。

⑥主题教育类产品。以爱国主义教育为主的产品,比如中国国家博物馆。

2.景区旅游产品开发与管理

(1)提升红色文化旅游产品品位

整合红色旅游资源,深入挖掘红色资源中的文化内涵,集中塑造景区红色文化符号,强化红色旅游产品卖点,通过红色情感认同吸引游客。

(2)提高红色文化旅游产品的参与性

目前的红色文化产品多为观光型产品,游客以参观图片或物件、听讲解员讲解等体验方式为主，活动项目缺乏情境性，游览完景区后，游客通常不能产生情感共鸣。利用数字技术，开发表演、场景重塑等类型的红色文化产品，加强游客在红色旅游中的参与性，提升游客的体验感，实现爱国主义文化移情教育。

(3)加强景区红色文化旅游产品宣传力度

加强红色文化旅游产品宣传，可依托先进的互联网技术，拍摄主题视频进行红色景区旅游产品宣传。同时，开展线上“5G＋VR”等红色文化直播互动方式，让红色文化产品由“静”到“动”地被人们所接受。

(4)加强景区红色环境管理

不和谐的标识牌、不合时宜的红色文化呈现物等会对红色环境的严肃性和完整性造成破坏，加强红色文化环境营造，从红色文化表现内容与表现形式上加强主流价值观和历史观管理，确保产品红色主题严肃性。

(5)充分发挥政府在红色景区管理中的主导作用

红色景区除了有旅游方面的经济价值，更有精神方面的教育价值。但红色景区常处于偏远地区，要充分发挥红色景区的经济和教育价值需要政府在经济上给予支持，引导红色景区健康有序发展。

二、自然景观类景区产品开发与管理

(一)森林公园景区旅游产品开发与管理

1. 森林公园景区概述

不同的气候、复杂的地面和不同的水热组合条件，孕育出了山岳森林型、海滨森林型、沙漠森林型、冰川森林型、溶洞森林型、火山迹地森林型、森林湖泊型、森林草原型、热带雨林型等景象万千、风格各异的陆地生态系统森林景观和丰富的动植物资源。随着人类社会的不断发展、城市的膨胀和用地的紧张，森林覆盖面正在大量减少，森林公园的出现在一定程度上起到了保护森林的作用。对于森林公园的概念，学术界并未形成统一认识，目前比较公认的森林公园定义是 1999 年《中国森林公园风景资源质量等级评定》中做出的界定：森林公园是具有一定规模和质量的森林风景资源和环境条件,可以开展森林旅游,并按照法定程序申报批准的森林区域。这个概念明确了森林公园应具备的四个基本条件:第一,具有一定面积和界限的区域范围;第二,有相对稳定的森林生态系统,有良好的森林环境;第三,该区域有一定数量和质量的自然景观,具有一定旅游开发价值;第四,必须经由法定程序申报和批准。

森林公园起源于中世纪的欧洲,当时的森林公园是皇室拥有的大面积的原始林地和狩猎区,林地内的各种植物都受到保护,除森林公园内单独辟出的狩猎区外其他地方不允许狩猎,林地内有少量居民定居。1872年,美国建立黄石国家公园,这是世界上第一个国家公园。为防止林地的继续减少,20世纪以来很多国家陆续建立森林公园,并为森林公园专门立法,以各种政策和经济手段保护森林。我国第一个国家森林公园是1982年建立的湖南省张家界国家森林公园,之后我国逐渐形成了以国家森林公园为骨干的国家、省级、市(县级)相结合的全国森林公园发展框架。森林公园的建立与发展,有效保护了我国多样化的森林景观,促进了国家生态环境建设,同时为丰富社会文化生活和满足人们休闲度假、观光旅游、回归自然等精神娱乐需求提供了理想场所。截至2019年,我国共有森林公园数量达3594处,其中国家级森林公园897处。国家级森林公园是我国自然保护地体系中的重要组成部分,是普及自然知识、传播生态文明理念的重要阵地,也是森林生态旅游的重要载体。据初步测算,2019年国家级森林公园接待游客量超过10亿人次,旅游收入超1000亿元,其中近1/3的森林公园免费向公众开放,服务游客近3亿人次。

2.景区旅游产品开发与管理

(1)结合资源优势与生态环境特色开发适合的旅游产品

森林公园是十分受人们喜爱的一种休闲旅游景区,观光、骑马、野营、垂钓、溯溪等是人们在森林公园中从事的主要娱乐休闲活动。森林公园根据自身的资源特色,可选择性开发观光游览、休闲度假、游憩娱乐、康养保健、探险狩猎或科普教育等类型的旅游产品,为旅游者提供类型丰富的森林旅游产品。在森林公园景区旅游产品开发中,还要注意与感官愉悦体验、审美愉悦体验、求知愉悦体验、忘我愉悦体验等类型产品相结合，强化游客的体验感，提高游客的重游意愿。

(2)完善景区内的旅游设施

森林公园中的旅游设施通常包括以下类型：森林步行通道，森林行车道路，森林小屋，宿营地，观光、垂钓、狩猎、划船等场所及相关设施，游客服务中心与纪念品商店，景区内导识标志与导览图，公共卫生间，休憩桌椅等。景区要加强相关设施建设，确保旅游设施完善且分布合理。

(3)坚持保护性开发

森林公园与旅游之间的关系一直是一对矛盾的统一体，这种关系还会长期存在，一方面人们对森林类旅游产品十分喜爱，另一方面过度或不合理地开发旅游产品会使森林公园的生态环境被破坏，背离了设立森林公园以保护自然生态环境的初衷。因此，在森林公园的旅游产品开发中，应强调在不破坏整体生态环境和生态平衡的前提下进行开发。

(4)加强森林风景资源与自然生态环境管理

丰富的森林风景资源和良好的自然生态环境是森林公园赖以生存和发展的基础，是森林旅游产品核心吸引力产生的源泉，直接影响到森林公园综合效益的发挥。森林风景资源和自然生态环境管理是森林公园管理的首要任务，主要通过对森林公园实施分区管理来实现。强化森林公园规范化管理，严格控制人为因素对森林公园内自然生态原真性、完整性的干扰。

(5)加强行政与旅游服务管理

行政与旅游服务管理是森林公园能否获得进一步发展的决定性因素，必须依靠健全的制度来实现。加强森林公园的行政管理，应在旅游开发之前对索道、滑雪场、宗教建筑、水库等可能造成森林资源大量破坏的项目组织有关部门和专家进行必要性、可行性和合法性论证，不符合开发条件的项目一律杜绝开发。其次，加强森林公园的日常管理，建立森林公园尤其是国家级森林公园的淘汰退出机制，将不能发挥主体功能甚至造成资源严重破坏性损害的国家级森林公园淘汰出体系。

(6)加强公园内居民生产生活管理

加强对森林公园内和周边居民生产生活的管理，采取积极措施引导居民合理地为旅游者提供有关的旅游服务，帮助居民提高生产生活水平，引导当地居民树立保护森林公园资源和维护森林公园环境的意识。

(7)加强旅游者行为管理

人们在森林公园内开展的观光游览、休闲度假、康养美容、野营健身、探险、科考等旅游活动都是以自然环境为依托，以森林资源为基础的。人们在森林公园内开展活动时，乱刻乱画、随意丢弃垃圾等不良行为会对环境造成负面影响，破坏森林资源的原真性与完整性，从而使森林公园景区失去生态功能。所以景区应采取相应措施；加强对游客环境行为的管理。

(二)地质公园景区旅游产品开发与管理

1.地质公园景区概述

地质遗迹是地质时期由于内外力的地质作用形成的具有典型特征的地质现象或地质景观，是地球46亿年演化过程中留下的不可再生的自然遗产。地质遗迹及其所构成的地质环境是自然生态环境极其重要的组成部分，对人类社会和文明的发展有着深刻影响，正确认识和保护性利用地质遗迹是人类社会可持续发展的重要组成部分。

地质公园是以具有特殊地质科学意义，稀有的自然属性、较高的美学观赏价值，具有一定规模和分布范围的地质遗迹景观为主体，并融合其他自然景观和人文景观而构成的一种特殊的自然区域，是以保护地质遗迹、开展科学旅游、普及地球科学知识、促进地方经济文化和自然环境可持续发展为宗旨而建立的一种公园形态。1999年4月，联合国教科文组织常务委员会在巴黎召开的第156次会议上提出了创建世界地质公园计划，计划每年建立20个，一共在全球建立500个世界地质公园，并建立全球地质遗迹保护网络，将重要的地质环境作为各个地区可持续发展战略中不可分割的一部分予以保护。世界上许多国家对联合国教科文组织的世界地质公园计划表示了极大的关注，我国也对此计划做出了积极响应。2000 年，中国自然资源部制定了《全国地质遗迹保护规划(2001—2010)》和《国家地质公园总体规划工作指南》；2001 年，自然资源部成立了国家地质遗迹保护(地质公园)领导小组和国家地质遗迹(地质公园)评审委员会，并参照世界地质公园的标准，制定了国家地质公园评选办法等系列文件。此后，我国逐渐形成了世界级、国家级、省级、市(县)级地质公园保护体系。截至 2020 年，我国已有 41 处地质公园进入联合国教科文组织世界地质公园网络名录，正式命名国家地质公园 219 处，授予国家地质公园资格 56 处，批准建立省级地质公园 300 余处。

2.景区旅游产品开发与管理

(1)整合地质资源，开发多类型的体验式产品

地质公园是供游客游览的旅游目的地，应该要有完整的旅游产品体系来满足游客的需求，地质公园在旅游产品开发中，既要体现科普教育功能，也要打造相应的文化旅游产品。在地质公园的旅游产品体系中，科学性是基础，产品的娱乐性和文化性是地质公园实现旅游价值的生命。传统的地质类旅游产品多是静态产品，缺乏娱乐趣味性和深度体验性，对游客的吸引力不大，为满足当代游客需求，需要将地质知识动态化，将现代科学技术运用到地质产品开发中，使游客实现时空的“穿越”，利用故事演绎等方式，让游客置身于相应的地质时代，直观感受到各地质时期的形成。

(2)编制开发计划，完善地质公园建设规划

地质公园景区开发不合理主要原因是景区缺乏开发规划，开发速度过快，景区的部分区域后勤建设和保护跟不上节奏，从而对地质环境产生破坏。这种不合理开发首先体现在建筑设施不合理，部分景区为了满足旅游接待需要，在景区内违规建设住宿、餐饮等接待设施，对地质生态环境造成破坏；其次表现在对地质剖面等地质遗迹的不合理利用，如将指示牌等直接刻在地质剖面上，对地质遗迹产生了不可逆性损毁；再次表现在

景区维护跟不上步伐，不能及时清除游客留下的生活垃圾，对生态环境造成了负面影响。而造成这些不合理开发的原因主要是缺乏开发计划，随意开发建设。因此，为了保障地质公园景区可持续发展，公园管理方应在开发之前编制科学合理的开发计划，及时调整和完善建设规划，使公园的开发合理、有序进行。

(3)完善科普系统，提高地质公园科普功能

科普功能是地质公园的主要功能之一，但很多地质公园并未很好地发挥科普价值，常见的问题有科普方式单一、科普内容单调、科普解说不够生动。地质公园内常见的科普方式比较传统，如纸质宣传页、导游讲解、解说标识牌等陈旧的科普方式不太能满足游客的需求。同时，科普解说内容中以专业术语为主，缺乏生动性，游客不一定能看懂专业性解说内容，更谈不上感兴趣。此外，解说性语言偏书面语化，不够生动形象。完善地质公园科普系统，首先要完善公园内科普讲解设施，其次要用浅显直白的语言让游客了解地质知识，再次要用动态、形象的方式来表现科普知识。

(4)健全和落实管理制度，加强地质公园开发管理

地质公园内资源复杂多样，各类资源相互依存，共同形成了地质景观。地质景观形成需要历经数亿年甚至数十亿年，一旦破坏便不可修复，因此，加强地质形态和景观的保护是地质公园景区开发的前提。在地质公园景区开发中，必须健全和有效落实地质保护制度，充分发挥地质公园管理方和地质专家在景区开发建设和管理中的作用，加强产品开发的科学性和合理性论证，协调好经济利益与环境效益的关系，处理好地质保护与旅游开发间关系，进行规范化、科学化开发和管理。

(5)保护生态环境，加强对地质灾害的管理

地质灾害的发生对地质遗迹具有巨大威胁，将破坏地质完整性，对地质类旅游产品的吸引力造成严重破坏。对地质公园发展产生较严重影响的地质灾害主要有两类：一类是滑坡、泥石流等，这类灾害对地质公园产

生的影响相对较轻，但会对景区旅游活动开展产生短期影响，甚至会威胁游客安全；另一类是地震、火山爆发等，这类灾害对地质公园发展将产生极其重大乃至不可逆的影响，严重影响旅游活动的进行。因此，地质公园景区应加强景区内生态环境保护，采取有效措施减少滑坡和泥石流的产生；对于不可控的地震、火山爆发等地质灾害，地质公园更要密切加强与相关部门的联系，加强该类灾害的预报工作，尽量降低这类灾害发生时的人员伤亡。

(三)湿地公园景区旅游产品开发与管理

1.湿地公园景区概述

湿地被称为“地球之肾”，与森林、海洋并称为全球三大生态系统类型，是水陆相互作用形成的独特生态系统，具有季节性或常年积水特征，湿地区域内通常生长或栖息着喜湿动植物，湿地是自然界富有生物多样性的生态景观。湿地因水域和陆地交错存在的生态环境而成为鱼类和水禽等生物的栖息、活动及繁衍的重要场所，是保护生物多样性的重要组成部分。湿地为人类生活提供了巨大的方便，世界鱼类总产量的2/3和世界上半数人口食用的大米都产自湿地。不仅如此，湿地还有调节洪水、稳定地区微观气候、净化水质的作用。中国是全球湿地类型最齐全的国家之一，涵盖《湿地公约》定义的所有湿地类型，包括近海与海岸湿地、河流湿地、湖泊湿地、沼泽湿地和人工混地等。中国湿地面积大、分布广，总面积5360.26万公顷，其中近海与海岸湿地面积579.59万公顷，河流湿地面积1055.21万公顷，湖泊湿地面积859.38万公顷，沼泽湿地面积2173.29万公顷，人工湿地面积674.59万公顷。从寒带到热带，从沿海到内陆，从平原到高山，都有湿地分布。但我国湿地率为5.58%，低于世界8.60%的平均水平，为世界人均湿地面积的1/5。另外，作为重要水稻生产国家，中国有水稻面积3005.7万公顷，这些人工湿地并未计入中国湿地面积。

2.景区旅游产品开发与管理

湿地公园产品开发不同于其他类型景区旅游产品开发，湿地生态公园多为公益性公园，景区多侧重于管理，城市湿地生态公园会在保证湿地生态多样性和发展性的前提下，适度开发其游览功能。

(1)科学配置景观类型

城市湿地公园建设强调的是湿地生态系统特性和基本功能的保护、展示，突出湿地特有的科普教育功能和自然文化属性，在景观设计及植物配置时要注意以下几点：

①保持湿地的完整性。依托原有的生态环境和自然群落，是湿地景观规划设计的重要基础。对原有湿地环境的土壤、地形、地势、水体、植物、动物等构成要素进行调查，在准确掌握原有湿地情况的基础上，科学配置动植物，在设计中保持原有自然生态系统的完整性。

②保持生物多样性。在植物配置方面，一是考虑植物种类的多样性，二是尽量采用本地植物，三是在现有植被的基础上适度增加植物品种。在现有植被的基础上，适度增加植物品种，完善植物群落，加强多种类植物的搭配，不仅在视觉效果上相互衬托，形成丰富而又错落有致的景观，而且与水体污染物的处理功能也能够互相补充，有利于实现生态系统的完全或半完全(配以必要的人工管理)的自我循环。

③科学配置植物种类。植物的配置设计，要从湿地本质考虑，以水生植物作为植物配置的重要元素，注重湿地植物群落生态功能的完整性和景观效果的完美体现。从生态功能考虑，选用茎叶发达的植物以阻挡水流、沉降泥沙，采用根系发达的植物以利于吸收水系污染物。从景观效果上考虑，有灌木与草本植物之分，要尽量模拟自然湿地中各种植物的组成及分布状态，将挺水植物(如芦苇)、浮水植物(如睡莲)和沉水植物(如金鱼草)进行合理搭配，形成自然的多层次水生植物景观。从植物特性上考虑，以乡土植物为主、外来植物为辅，保护生物多样性。

④因地选择植物品种。乔灌木及地被植物可选用银杏、香樟、水杉、樱花、落羽杉、池杉、楸树、黄连木、乌桕、苦楝、石楠、枫杨、榕树、垂柳、沙地柏、迎春、石竹等；水生植物可选用荷花、菖蒲、香蒲、泽泻、水鸢尾、芦苇、金鱼草、水竹、水蓼、水葱、金鱼藻；草坪草可选用冷季型的早熟禾、黑

麦、剪股颖，暖季型的狗牙根、地毯草、马蹄金等。此外，设计中还应设置一些动物食源植物和鸟食植物，为鸟类提供食物来源。在湿地公园内的水体一侧尽量不安排高大乔木，为鸟类提供充足的活动空间。

(2)适度开发景区游览功能

除了考虑人们的休憩游览需求，湿地景观设计时还要综合考虑各个因素之间的整体和谐。通过调查周围居民对景观的影响、期望等情况，在设计步道、游览亭、休闲座椅等旅游设施时，统筹各个因素，包括设计的形式、内部结构之间的和谐，以及游览设施与环境功能之间的和谐。确保满足人的需求的同时，保持自然生态不受破坏，使人与自然融洽共存。

(3)树立正确的湿地规划理念

从规划管理角度，可将湿地公园分为“湿地公园”和“城市湿地公园”两种类型。依据湿地公园批准设立部门不同，可分为国家湿地公园和省级湿地公园两个级别，国家级湿地公园由中国国家林业和草原局批准设立。城市湿地公园则是纳入城市绿地系统规划的，以生态保护、科普教育、自然野趣和休闲游览为主要内容的公园。城市湿地公园规划应以湿地的自然复兴、恢复湿地的领土特征为指导思想，以形成敞开的自然空间、接纳大量的动植物种类、形成新的群落生境为主要目的，同时为游人提供生机盎然、多样性的游憩空间。因此，规划应加强整个湿地水域及其周边用地的综合治理，其重点内容在于恢复湿地的自然生态系统并促进湿地的生态系统发育，提高其生物多样性水平，实现湿地景观的自然化。规划的核心任务在于提高湿地环境中土壤与水体的质量，协调水与植物的关系。

(4)加强湿地公园分区管理

湿地生态系统比较脆弱，一旦破坏，短时间内很难恢复，为兼顾湿地保护和人们对湿地休闲产品的需要，应对湿地进行分区管理。可将湿地分为湿地保育区、恢复重建区、宣教展示区、合理利用区和管理服务区等若干区域，严格实行分区管理。湿地保育区除开展保护、监测等必需的保护管理活动外，不得进行任何与湿地生态系统保护和管理无关的其他活动;恢复区仅能开展培育和恢复湿地的相关活动;宣教展示区可开展以生态展示、科普教育为主的活动;合理利用区可开展不损害湿地生态系统功能的生态旅游等活动;管理服务区可开展管理、接待和服务等活动。

第三节　开发型景区产品开发与管理

一、人造景区产品开发与管理

由于自然和历史人文资源分布不均衡,人口密集区的景区旅游产品不能满足人们的休闲娱乐需求,因此人造景区便涌现出来。由于休闲旅游市场需求不断扩大,人造景区在数量上越来越多、类型上越来越丰富。近年来,主题乐园、游乐园、微缩景区、蜡像馆、动物园、水族馆等多种类型的人造景区越来越受到大众欢迎。

(一)主题公园旅游产品开发与管理

1. 主题公园概述

(1)主题公园的概念

主题公园是根据某个特定的主题,采用现代科学技术和多层次活动设置方式,集诸多娱乐活动、休闲要素和服务接待设施于一体的现代旅游场所。主题公园是一种以游乐为目标的模拟景观的呈现,它的最大特点就是赋予游乐形式以某种主题,围绕既定主题来营造游乐的内容与形式。园内所有的建筑色彩、造型、植被、游乐项目等都为主题服务,共同构成游客容易辨认的特制游园线索。

(2)主题公园的类型

①按规模大小、项目特征、服务半径划分。欧洲主题公园协会副总裁克里斯·约西认为,按规模、项目特征、服务半径不同,可将主题公园分为大型主题公园、地区性主题公园、主题游乐园、小规模主题公园和景点四种类型(见表4—2)。

表 4—2　主题公园类型之一

分类依据	类型	项目特征	游客市场	投资额度
按规模、项目特征、服务半径划分	大型主题公园	主题鲜明或由多个部分构成，有舒适的旅游住所，主要提供参与性娱乐项目	游客市场为全国和国际市场，年接待游客量在 500 万人次以上	投资达 10 亿美元
	地区性主题公园	有一定主题的路线和表演，在项目设置上以观赏性的静态景观为主	游客市场主要为省内市场和邻省市场，年游客接待量为 150 万～350 万人次	投资 2 亿美元左右
	主题游乐园	主题比较单一，以提供机械类的参与性游乐项目为主	游客市场主要为所在城市市场，年接待游客量为 100 万～200 万人次	投资 1 亿美元左右
	小规模主题公园和景点	单一主题的静态人造景观	游客市场主要为所在城市市场，年接待游客量为 20 万～100 万人次	投资 300 万～8000 万美元

②按照主题性质划分。可将主题公园分为文化历史型、名胜微缩型、民俗风情型、科技娱乐型、影视娱乐型、自然生态型、综合旅游主题型等七种类型(见表 4—3)。

表 4—3　主题公园类型之二

分类依据	类型	主题特征	举例
按主题性质划分	文化历史型	以模仿重现某个特定历史时代场景或文学名著场景为主题	杭州宋城
	名胜微缩	将异国、异地的著名建筑、景观按照一定比例缩小建设	深圳锦绣中华
	民俗风情型	利用野外博物馆形式模拟民俗风情和生活场景，加入演员进行反映民俗民风的表演让游客参与到表演场景中	昆明云南民族村
	科技娱乐型	利用声、光、电、气等现代科学技术，表现未来、科幻、太空、海洋等主题	深圳欢乐谷
	影视娱乐型	模拟著名影视作品中的场景	北京环球影城
	自然生态型	以自然界的生态环境、野生动物、野生植物，海洋生物等为主题，以展示独特的观赏和游览特性	厦门南顺鳄鱼园
	综合旅游主题型	是主题公园发展成熟期的产品形式，整合发展比较成熟的不同主题公园，以一个整体品牌形象展现	广州长隆

2. 景区旅游产品开发与管理

主题公园是为了满足旅游者多样化休闲娱乐需求而建造的一种具有创意性活动方式的现代旅游场所，是根据特定的主题创意，主要以文化复制、文化移植、文化陈列以及高新技术等手段，以虚拟环境塑造和园林环境为载体，来迎合消费者的好奇心，以主题情节贯穿整个游乐项目的休闲娱乐活动空间。国内外主题公园经营经验表明，主题公园成功的关键在于主题选择、园址选择、文化创意、产品营销、主题周边产品开发等方面。

(1)选择合适的园址

主题公园应选择在经济比较发达、流动性人口较多的城市，保障主题公园具有良好的客源市场。一个大型的主题公园的一级客源市场至少需要 200 万人口，否则达不到门槛客源，将会给主题公园的生存造成威胁。

(2)确定准确的主题

好的主题能迅速吸引游客，有利于投资者快速收回投资。目前，主题公园正朝着寓教于乐方向发展，主题主要有教育展览、珍稀动植物观赏、原野丛林冒险、外国文化展示、历史陈列、河流历险、水上乐园、动物表演、花卉展览等。主题选择时应注意契合目标市场文化背景，迎合大众旅游需求。

(3)创新主题产品

主题公园的核心产品是旅游者的休闲娱乐经历与体验，满足旅游者的休闲娱乐情趣是主题产品设计的主旨。园区在进行项目设计时要体现新、奇、特、绝的特点，如为保持园区产品的新，需要定期更换娱乐设施，增加新的项目，以提高游客的重游意愿。

(4)采取恰当的营销方式

园区在营销方式选择时，应贴合消费市场特点，充分利用主题活动营销、节庆活动营销、新媒体营销等方式，激发游客的旅游动机。

(5)延伸主题文化产业链条

主题公园的盈利点除了门票收入，还可以有娱乐、餐饮、住宿等项目，品牌影响力大的主题公园甚至可以通过设计销售品牌周边纪念品来二次盈利。主题公园的未来盈利模式可能将突破旅游范畴，将主题公园及其周边打造成集娱乐、餐饮、居住、商业等于一体的旅游综合体。

(二)动物园旅游产品开发与管理

1.动物园概述

动物园是搜集饲养各种动物，把一些野生或外来动物放于围栏之内，进行科学研究和迁地保护，供公众观赏并进行科学普及和宣传保护教育的场所。动物园有两个基本特点，一是饲养管理着野生动物(非家禽、家畜、宠物等家养动物)，二是向公众开放。世界上很多大城市都有动物园，动物园一部分是以营利为目的，主要用来吸引游客前往观光游览，也有一部分为非营利性动物园，以动物保护、教育和生物学研究为目的开设。

2.景区旅游产品开发与管理

(1)加强动物的保护

动物园中动物的保护，首先要给动物创造良好的生活环境，为动物提供创造接近野生的群居生活条件，同一时段内减少展示品种，增加同一品种的动物展示数量；其次，探索野生动物的人工饲养和繁殖方法，尽可能地繁殖濒危动物，达到保护动物的目的。

(2)加强资金管理

动物园的资金筹措方式通常有两种，部分动物园是投资方筹措资金，自负盈亏；大部分动物园属公立性质，资金一部分来源于政府投资，一部分来源于经营性收入。动物园的日常维持费用分两部分，一部分用于动物的喂养和购置，另一部分用于游客接待管理。动物饲养和引进耗资大，但动物园的经营性收入来源会受到季节性因素影响，收入不稳定。因此，动物园要加强资金管理，一方面通过举办活动来吸引游客，增加经营性收入，另一方面可通过宣传，争取各界人士的捐款。

(3)加强员工行为管理

动物园的员工是动物的直接管理者，管理者的行为直接关系到动物饲养的好坏。园方应加强员工行为管理，要求员工按动物生活规律来饲养和照顾动物，避免动物遭到殴打、虐待，以减少动物的非正常死亡。

(4)加强游客行为管理

游客的游览行为会对动物的生活环境产生一定影响，比如大声喧哗、拍照、胡乱投喂动物等行为会影响动物的饮食规律和作息，园方应在醒目位置张贴提示牌提醒游客，尽量减少游客行为对动物的伤害。此外，动物园尤其是野生动物园，要加强游客的危险游览行为管理，避免动物伤人事件发生。

(三)水族馆旅游产品开发与管理

1.水族馆概述

水族馆是收集、饲养和展览水生动物的机构，可专养海洋生物或淡水生物，也可兼养，既有供观赏或普及科学知识的公共水族馆，也有供科研及教学专用的水族馆。海底世界、极地海洋世界均属于水族馆。"水族馆"这一名称也时常用于一些水族类商店。世界上第一个供展览用的水族馆于1853年在英国摄政公园(Regent'sPark)对公众开放。我国最早的水族馆于1932年在青岛建立。从规模上看，上海海洋水族馆是我国规模较大的水族馆，被授予"科普教育基地"，全馆有28个大型展区，展示了世界上极具特色的淡水和海洋生物。

2.水族馆的经营管理模式

(1)自助型水族馆

这种水族馆多见于自助餐厅，人们只需要支出一定的费用，就可以在手册、指示牌或工作人员的指引下进行饲养员的日常工作，让消费者能近距离接触水下生物。

(2)公众化水族馆

将水族馆的部分区域开放给公众，提供寄养、领养、助养服务，从而降低经营成本，增加收益。

(3)展销式水族馆

水族馆业主向水族供应商提供场地及各种配套服务，然后对外统一经营，收取一定场租、维持费和收入提成。

(4)缸内娱乐化

开发大型缸内的各种水下娱乐活动，如驾驶小型潜水器在海底飞行、戴头盔的海底漫步、与鲨鱼共舞的潜泳等，还有隧道内的与鱼共餐及鱼缸内的游戏、戏剧表演等。

(5)市场共享的连锁经营

区域内水族店通过资源共享，达到成本最低化的经营模式。如山海关、秦皇岛、北京、上海等地的水族馆连锁经营模式。

二、旅游度假区产品开发与管理

(一)旅游度假区概述

1.旅游度假区的概念

随着经济社会的发展，人们的旅游观念发生了重大改变，越来越多的人厌倦了走马观花式的观光旅游，转而选择休闲、放松和娱乐为主的休闲度假旅游。休闲度假成为人们常见的旅游休闲方式，休闲旅游度假区也应运而生。

国家市场监督管理总局、国家标准化管理委员会发布的国家标准《旅游度假区等级划分》(GB/T26358—2022)中将旅游度假区界定为：以提供住宿、餐饮、购物、休闲、娱乐等度假旅游服务为主要功能，具有明确空间边界和独立管理运营机构的集聚区。由此可知，旅游度假区是休闲旅游资源集中、具有一定规模、功能相对完善的休闲旅游服务的综合性区域。旅游度假区是依托良好的旅游资源环境和单位面积投入产出而建立的一种旅游开发形式，是最小单元的旅游目的地，它集中满足旅游者食、住、行、游、购、娱等方面的需求。

2.旅游度假区的类型

(1)按照等级划分

根据国家标准《旅游度假区等级划分》，可将我国的旅游度假区划分为国家级和省级旅游度假区。

(2)按照依托的度假资源来划分

可将旅游度假区分为海洋度假区、湖滨度假区、温泉度假区、滑雪度假区、山地度假区、森林度假区等。虽然这些同属于休闲度假类景区，但各自的环境特点、地域分布和经营管理方式迥异。

3. 度假村的环境组成要素

西方学术界将度假环境称之为“泡”(Bubble)，度假“泡”的主要组成要素有：①气候、景观、场地、地方历史文化；②进入性、安全、居民好客度；③各类主题度假酒店；④运动项目、创意活动；⑤配套设施；⑥浓郁的度假氛围营造。

(二)景区旅游产品开发与管理

1. 海洋旅游度假区

(1)海洋度假旅游

海洋度假旅游是以海洋环境为主要吸引源的旅游形式，凡是受海洋环境或与海洋有关的活动吸引，离开常住地的旅行都是海洋度假旅游。从度假的角度来看，海洋旅游包括了海滨旅游和海上旅游、海底旅游、海岛旅游等类型。从度假吸引源角度来说，海洋度假旅游可分为：以海洋动植物群落和自然生态环境为主的观光度假游，以海岸码头、港口、历史文化遗址和人造娱乐设施为主的社会文化度假游，以海洋运动赛事及其他特殊节庆为主的海洋节庆度假游。

(2)海洋度假区旅游活动类型

海洋度假旅游的项目内容丰富，既有观光性的项目，也有参与性活动项目。

①海滨旅游。以海水、阳光、沙滩为主要吸引物，如海水浴、日光浴、沙滩运动。②海岛旅游。以海岛为场所，以寻求僻静、私密的度假空间为主要目的。③海底观光。借助观光平底船、观光艇或水肺潜水，观赏海底的生态系统和人文遗迹。④潜水旅游。借助潜水器械，在较深的水域潜泳。⑤深海钓鱼游。指在深水海域垂钓。⑥邮轮旅游。指以定期航行的

海洋邮轮为休闲娱乐场所，利用邮轮上的设施与服务场所所做的度假旅游。

2. 山地湖泊及滑雪度假区

山地湖泊度假区除了自然地貌特点以山地、高原、湖泊、草甸等为主要特色外，其他方面的开发与管理与森林公园或海洋度假区非常类似。山地湖泊度假区的主要休闲活动以运动类登山、徒步、山地自行车、垂钓、泛舟、滑雪、高尔夫等项目为主。山地旅游度假区的开发优先要解决可进入性问题，对于大多数山地旅游来说，修建索道与缆车是相对经济、对环境的破坏性较少的上下山交通方式。

3. 温泉旅游度假区

在世界流行的以水为主的休闲度假三大主题（温泉、海水、滑雪）中，温泉旅游不仅是最大的内陆休闲主题度假方式，也是最古老的旅游方式。早在罗马帝国时期，温泉的疗养作用已受到人们的重视。中世纪时，去英国巴斯温泉的人从未间断。18 世纪后，温泉胜地成为商贾云集的地方。温泉是具有稀缺性和一定垄断性的度假旅游资源，尤其是区位条件好、泉水理化指标优良又有一定文化内涵的温泉，最具有开发价值。温泉自古就是人们用来作为水疗和养生的天然资源，不同的泉水中含有不同的矿物质，对各种病症的疗效也不同，因温泉具有的疗化作用，温泉旅游具有较高的重游率。

目前，我国有两部温泉旅游的行业等级划分标准，即《温泉企业服务质量等级划分与评定》（LB/T016—2011）和《温泉旅游泉质等级划分》（LB/T070—2017）。前者对温泉景区和温泉酒店等企业从资源禀赋、设施设备、服务和管理水平等几个方面进行等级划分，与旅游饭店等级划分类似，按照质量从高到低依次划分为五星级到一星级。后者只对泉质进行评价，依据水温和泉水中的化学成分划分为两大类三个等级，水温≥25℃的称温泉，＜25℃的称冷泉，根据水中成分，从低到高依次将温泉分为温泉（或冷泉）、优质温泉（或优质冷泉）、优质珍稀温泉（或优质珍稀冷泉）三个等级。

第五章

旅游景区规划管理

第一节　旅游规划与开发的可行性分析概述

一、可行性分析的概念

可行性分析是指在旅游项目投资之前，对该项目的经营及经济收益进行评估，从而确定该项目在经济上是否具有可行性的一系列对相关市场的调查分析和预测活动。可行性分析是任何一个项目投资之前所必不可少的一个重要步骤。

二、旅游项目开发可行性研究的意义

可行性研究的目的主要是为项目投资决策提供可靠的科学依据，并作为开展下一步工作的基础。因此，可行性研究是旅游项目投资必不可少的工作，它是评估旅游项目的重要依据，为项目筹集资金提供重要的参考依据，也是编制设计文件及进行建设工作的依据。通过考察景区项目的市场需求和对产品竞争、营利性和合理性等的分析，确定项目建设的必要性、可能性和可行性等，如进行旅游产品市场供需情况的调查与预测、建设条件的调查等。根据调查的资料对景区投资项目技术上的可行性、经济上合理性以及建设条件的可能性等方面进行技术经济论证，进行不同方案的分析比较，并在研究分析效益的基础上，提出建设项目是否可行和怎样进行建设的意见和方案。根据以上的分析论证，编写可行性研究报告，以供进一步调查研究、编制计划任务之用。

三、旅游项目可行性研究的目标

可行性研究所含的研究范围极其广泛，并因其目的、内容和研究方法等的不同而有所不同。但是，总目标是一致的。它尽可能准确地检验所提出计划的各种潜在可能性，以便作出是否实施计划的决定。其目标主要是：

(1)尽可能全面地测定景点开发计划财政方面的可行性，即计算资本与收益成本，预测游客数量和收入。

(2)调整、加工原始计划，使之与市场、财政的可行性及场地的可获得性等问题相一致。

(3)预测所开发景点目标市场的类型与规模，但必须遵守的原则是：即便考虑了大量的相关变量及每一景点的独特性，仍然不能认定预测是完全科学的。

(4)支持和批准计划需要的任何资金申请，如贷款、资助等。

(5)从规模、地形及可进入性的角度帮助景点确立最佳位置。

(6)支持规划的申报，表明计划开发的景区是有市场的。

(7)吸引可能需要的赞助商、特许经营者和经销商。

(8)分析具体的运作问题，如人力资源。

(9)确定潜在的财政赞助来源。

(10)提供有价值的营销信息。

四、可行性研究的种类

从旅游投资项目的实际出发，可行性研究又分为投资机会研究、初步可行性研究和最终可行性研究，这三种不同深度的研究也反映了可行性研究的三个阶段。

1. 投资机会研究

投资机会研究又称投资机会确定，指在一个确定的地区或部门内，在利用现有资源的基础上所进行的寻找最有利的投资机会的研究。其任务是提出旅游景区项目投资方向的建议，即在特定的地域和行业内部，根据景区自身的资源和市场发育状况，通过调查、预测和分析研究，选择投资，寻求投资机会，并将投资设想变为概略性的投资建议。

2. 初步可行性研究

初步可行性研究也称可行性研究，是正式的详细可行性研究前的预备性研究阶段。其目的主要是判断分析所选景区项目投资机会是否有前途，是否值得做详细可行性研究；研究确定的项目概念是否正确，是否有必要通过可行性研究做进一步详细分析；决定景区项目中有哪些关键性问题，需要在可行性研究中重点说明。初步可行性研究是介于机会研究和详细可行性研究之间的，其研究内容和结构与详细可行性研究基本相同，主要区别是所获资料的详尽程度不同、研究的深度不同。初步可行性研究是在投资机会研究的基础上，对拟议的旅游投资项目的可行性所进行的进一步研究。它主要是针对那些比较复杂的建设项目而进行的，因为这类项目仅凭投资机会研究还不能决定其取舍，必须进一步进行可行性分析。

3. 最终可行性研究

最终可行性研究是在上级主管部门批准立项后对旅游投资项目所进行的技术经济论证。它需要进行多种方案的比较。投资项目越大，其内容就越复杂。在旅游投资项目建设中，常常涉及开发者、经营者、资产借贷者、资产投资者和政府机构等，每一方面从各自的利益出发，都要对拟建的工程进行可行性研究。所以可行性研究往往又可分为投资前研究、经营研究、资金研究、资产投资研究和政府机构研究等内容。投资前研究是由开发者进行的，主要研究项目开发或建设的投入和开支是否合算。项目开支包括设计费、土地征购费和主体投资 3 大部分。经营研究是由经营部门进行的，主要是估计该旅游投资项目工程完工后的市场销售情况和预测未来经营中可能带来的经济效益。资金研究是由资金借贷者进行的，主要是研究该项工程建设所需要的投资资金的数量及资金的分配。资产投资研究是由资产投资者进行的，主要是预测该项工程建成后在资产投资收入和资产现金流动的基础上，研究投资利润与税收上的好处（如减免税等）。政府机构研究是由政府有关部门进行的，主要是评价该项旅游投资项目建设后对财政、经济、社会、环境及周围地区的影响。

五、旅游景区可行性研究的工作步骤

可行性研究工作程序分为5个步骤。

1. 开始阶段

这一阶段报告的承办单位要详细讨论可行性研究的范围，明确业主的目标，与业主讨论项目的范围界限。

2. 调查研究阶段

调查的内容要包括项目的各个方面，如市场需求与市场机会、产品选择与机会、价格与市场竞争、工艺技术方法与设备选择、原材料的供给、能源动力供应与运输、建设与使用、环境保护等。每个方面要进行详细深入的调查，全面地占有资料并进行详细的分析评价。

3. 优化与选择方案阶段

将项目的每个方面进行组合，设计出各种可供选择的方案，然后对备选方案进行详细的讨论、比较，要定量与定性分析相结合，最后推荐一个或几个备选的优秀方案，提出各个方案的优缺点，供业主选择。

4. 详细研究阶段

对选出的最佳方案进行更详细的分析研究，明确项目的具体范围，进行投资及收入估算，并对项目的经济与财务情况作出评价，同时进行风险分析，表明成本、价格、销售量等不确定性因素变化对经济效果产生的影响。在这一阶段得到的结果必须论证出项目在技术上的可行性、在条件上的达到性、资金的筹措办法，并且要分析项目实施风险的大小。

5. 编制可行性报告

对于可行性报告的编制内容，国家有一般的规定。旅游项目要根据自身情况有针对性地确定具体的内容，因为自身情况的变化，也导致资金使用情况的改变，这就要有相应的资金筹措计划。

六、景区项目可行性研究报告的内容

景区项目可行性研究报告的内容一般应包括以下10个方面：

1. 项目基本概况

这部分内容主要说明建设单位(企业)名称，法定地址、宗旨、经营范围和规模；合营各方名称，注册国家，法定地址，法定代表姓名、职务、国籍(中方要说明主管部门)；合资企业总投资、注册资本、股本额(自有资金额，合营各方出资比例、出资方式、股本缴付期限)；合营期限，合营各方利润分配和亏损分担比例；项目建议书的审批文件；可行性研究报告的负责人及编制组成人员名单；可行性研究范围及内容；可行性研究报告总的概况、结论、问题和建议；可行性研究报告的编制依据。

2. 项目提出背景和项目建设的必要性

项目提出背景着重说明国内外、区内外旅游业发展的宏观形势和行业竞争态势，阐明同类项目在国内市场及国际市场上的发展前景。必要性着重从旅游经济开发的经济价值和文化开发价值两个方面来探讨，说明旅游业在地区产业结构调整和优化中的作用，在区域对外开放、对内搞活，在提高居民素质和生活质量等方面的作用。

3. 项目建设条件分析

这部分内容主要说明项目建设的范围、自然概况、区位条件、旅游资源条件、旅游基础设施条件、社会经济条件和项目建设条件的总体评价等。

4. 客源市场分析

这部分内容主要是对客源市场现状、潜在客源市场、客源市场定位等进行分析，对未来客源市场进行预测。一旦有了开发的设想，首先要确定是否有市场。一旦掌握了潜在市场的规模及结构的情况，就可以选择开发地点，估算可能的收入。这一步骤对于项目的财政可行性评估是至关重要的。对市场了解得越多，越有助于完善计划，以适应真正市场而不是想象中市场的需要。

景区的经营者对潜在市场的 4 个主要特征感兴趣：①谁会访问景区；②访问量是多少；③他们将来自何方；④游客将在何时来访。

需求是企业经营活动的起点，在对旅游投资项目进行可行性分析时，首先要进行市场需求调查，即预测国内外旅游消费者对其产品或服务的需求量，以此调查为基础，预测项目投入后未来发展的前景，从而确定旅游建设项目的规模和产品，以及采用何种服务方式等。

5. 项目建设内容和规模

这部分内容主要说明项目建设原则以及旅游基础设施建设项目、生态系统保护与环境治理项目和旅游配套建设项目的具体建设内容和建设规模。

6. 投资估算、进度安排及资金筹措

这部分内容主要以投资估算为依据对建设项目投资进行估算，并提出资金筹措方案和计划工期及进度安排。投资额及资金筹措，主要研究为保证旅游投资项目顺利完成所必需的投资总额数目、外汇数额、投资结构、固定资产和流动资金的需要量、资金来源结构、资金筹措方式及资金成本等，从资金上保证旅游投资项目建设的顺利进行。

7. 财务评价及投资风险分析

这部分内容主要对投资项目可能获得的经济效益进行预测，对项目投资后的财务成果进行分析和评价，并对项目运行中的财务风险和其他风险进行全面分析。

8. 环境影响及生态效益分析

这部分内容主要是通过对环境质量现状的调查，对项目建设的环境影响和生态效益进行分析，并提出本项目的实施对生态环境影响的综合评价。对其可能产生的不良影响要做出预测性分析，并采取相应措施，尽力减少和避免其不利影响，确保旅游投资项目在获得较佳经济效益的同时，也能带来较好的社会效益和环境效益。

9. 社会效益分析

这部分内容主要从积极的社会影响和消极的社会影响两个方面对建

设项目的社会效益进行评价。

10. 项目组织动作与管理

这部分内容主要从项目组织机构的建立、管理体制、管理职能、管理模式的创新等方面提出项目组织运作与管理的思路,并提出项目实施的具体管理办法。

七、项目评价的内容

项目评价的内容是由评价的要求决定的,不同部门、行业的评价应有所侧重,但其基本内容应包括以下几个方面:

1. 投资条件评价

投资条件评价包括建设必要性评价、建设条件评价、项目技术评价、环境影响评价。

2. 项目财务评价

根据财务数据的预测计算评价企业经济效益的各项指标。项目财务评价包括:财务评价的盈利能力分析,计算分析财务内部收益率、投资回收期等指标,计算财务净现值、投资利润率、资本金利润率等指标;项目的清偿能力分析,主要计算资产负债率、借款偿还期、流动比率、速动比率等指标;其他指标分析、计算,包括实物指标、价值指标等。

3. 经济评价

经济评价包括国民经济营利能力和外汇效果分析;计算分析经济内部收益率,根据项目的特点和实际需要,计算分析经济净现值、经济外汇净现值、经济换汇成本和经济节汇等指标;定性分析(如综合评价等)。

4. 不确定分析

不确定分析包括盈亏平衡点分析、敏感性分析、风险分析。

5. 总评价

总评价是指根据以上各项内容的评估结果,提出对可行性研究报告的总体评价意见。

第二节 旅游景区规划的系统结构

一、旅游景区规划概述

旅游活动无外乎就是旅游者在旅游景区“吃、住、行、游、购、娱”的活动。这六点被称作旅游活动的六要素。游客“吃、住、行、游、购、娱”的效果如何，要看一个旅游景区的服务设施够不够完善。游客“游”的兴致高不高，要看一个旅游景区的吸引物有没有足够的吸引力。而旅游景区必须有游人才能使其旅游价值得到开发，因此一个旅游景区应该由旅游者、吸引物、景区服务业三要素组成。旅游者是旅游活动的主体，旅游者会影响旅游景区吸引物的开发以及景区服务业的建设。旅游景区服务业为旅游者提供基础服务，可以提升景区的吸引力，旅游吸引力是旅游者旅游的前提，也是景区服务业建设的基础。

它们三者之间相互联系、相互制约的关系。

因此旅游规划就是对旅游景区三要素进行规划的过程。旅游规划的基本内容应包括旅游景区吸引物的规划、旅游线路的规划、旅游服务设施的规划。而旅游景区吸引物的规划需要考虑景区的自然环境，分析客源地游客的喜好、经济状况、游客类型等要素。对旅游景区服务设施的规划需要分析当地的社会经济条件。对游客的规划即是对客源地的分析。因此自然、社会、经济因素都是影响旅游规划的因素。

二、旅游景区规划的分类和基本内容

旅游景区规划的类别很复杂，从不同的角度可以有很多不同的划分方法。按规划时间可以分为近期(5 年以内)、中期(5～10 年)、远期(10～15 年)和远景规划(15 年以上)。按照规划的内容可以分为宏观规划和微观规划、总体规划和局部规划、综合规划和部分规划(或专题规划)；按照规划的内容和性质可分为旅游景区资源规划、线路规划、设施建设规划、客源组织规划、商品规划、人才培养规划;按照规划的空间可以分为全国规划、大区域规划、地区规划。以下就依照主要的规划进行详述。

1.总体规划

总体规划是为某一特定的空间或项目而制定的全面系统的规划,是在一定时间内,为推动实现旅游景区的开发设计和发展目标而制定的系统性的行动纲领,是对旅游景区性质、特点、作用、价值、利用目的、开发方针、保护范围、规模容量、景区划分、功能分区、旅游组织、管理措施和投资收益等重大问题的决策。

旅游景区总体规划按规划层次分总体规划、控制性详细规划、修建性详细规划等。旅游景区总体规划的期限一般为10～20年,同时可根据需要对景区的远景发展做出轮廓性的规划安排。对于景区近期的发展布局和主要建设项目,亦应作出近期规划,期限一般为3～5年。旅游景区总体规划的任务,是分析景区客源市场,确定景区的主题形象,划定景区的用地范围及空间布局,安排景区基础设施建设内容,提出开发措施。

(1)对景区的客源市场的需求总量、地域结构、消费结构等进行全面分析与预测。

(2)界定景区范围,进行现状调查和分析,对旅游资源进行科学评价。

(3)确定景区的性质和主题形象。

(4)确定规划景区的功能分区和土地利用,提出规划期内的旅游容量。

(5)规划景区的对外交通系统的布局和主要交通设施的规模、位置;规划景区内部的其他道路系统的走向、断面和交叉形式。

(6)规划景区的景观系统和绿地系统的总体布局。

(7)规划景区其他基础设施、服务设施和附属设施的总体布局。

(8)规划景区的防灾系统和安全系统的总体布局。

(9)研究并确定景区资源的保护范围和保护措施。

(10)规划景区的环境卫生系统布局,提出防止和治理污染的措施。

(11)提出景区近期建设规划,进行重点项目策划。

(12)提出总体规划的实施步骤、措施和方法,以及规划、建设、运营中的管理意见。

(13)对景区开发建设进行总体投资分析。

旅游景区总体规划的成果要求：①规划文本；②图件，包括景区区位图、综合现状图、旅游市场分析图、旅游资源评价图、总体规划图、道路交通规划图、功能分区图等；③附件，包括规划说明和其他基础资料等。图纸比例可根据功能需要与可能确定。

总体规划图纸部分应当包括景区宏观区位图、景区周边旅游景点关系图、景区现状图、景区建设用地分析图、景区水流流向分析图、景区功能分区规划图、景区分区分期规划图、景区规划布局图、景区公共设施布局图、景区道路交通系统图、景区水电系统规划图、各功能区景观意向图。

2. 景区控制性详细规划

景区控制性详细规划的主要内容包括：详细划定所规划范围内各类不同性质用地的界线；规定各类用地内适建、不适建或者有条件地允许建设的建筑类型；规定建筑高度、建筑密度、容积率、绿地率等控制指标；并根据各类用地的性质增加其他必要的控制指标；规定交通出入口方位、停车泊位、建筑后退红线、建筑间距等要求；提出对各地块的建筑体量、尺度、色彩、风格等要求；确定各级道路的红线位置、控制点坐标和标高。

景区控制性详细规划的成果要求：①规划文本；②图件，包括景区综合现状图、各地块的控制性详细规划图、各项工程管线规划图等；③附件，包括规划说明及基础资料。图纸比例一般为 1/1000～1/2000。

3. 景区修建性详细规划

对于景区当前要建设的地段，应编制修建性详细规划。景区修建性详细规划的任务是，在总体规划或控制性详细规划的基础上，进一步深化和细化，用以指导各项建筑和工程设施的设计和施工。景区修建性详细规划的主要内容包括：综合现状与建设条件分析，用地布局，景观系统规划设计，道路交通系统规划设计，绿地系统规划设计，旅游服务设施及附属设施系统规划设计，工程管线系统规划设计，竖向规划设计，环境保护和环境卫生系统规划设计。

景区修建性详细规划的成果要求：①规划设计说明书；②图件，包括综合现状图、修建性详细规划总图、道路及绿地系统规划设计图、工程管网综合规划设计图、竖向规划设计图、鸟瞰或透视等效果图等。图纸比例一般为1/500～1/2000。旅游景区可根据实际需要编制项目开发规划、旅游线路规划和旅游地建设规划、旅游营销规划、景区保护规划等功能性专项规划。

三、旅游景区规划设计的基本原则

1. 强调保护先行的开发原则

旅游资源是大自然和人类留给我们的最宝贵遗产，一般都具有较高的科学价值、美学价值、历史文化价值等；但同时这些资源又都具有脆弱性，易遭到破坏、破坏后无法恢复的不可逆转性。因此，在规划设计时首先考虑的是各种资源的保护措施，保证在不影响其长存性的基础上进行合理的开发。

2. 景区规划设计，要突出景观的特色和个性的原则

旅游景区品位的高低、品牌的影响大小，直接决定于旅游资源（景观）的非凡价值；而价值的高低就是景观是否有特色，人无我有，人有我优，人优我特，并形成自己的个性特色。景观的特色是景区吸引力的根本所在。因此，旅游景区规划设计时挖掘现有景区资源的潜力，挖掘特色和个性，显得尤为重要。

3. 景区规划设计，要体现自然美与人工美的和谐统一

单一的组合会使景观景点显得单调、无生气，产生审美疲劳。在自然景观为主的景点中要做到将人工设施有机地融入自然中，因势、得体，体现“虽由人做，宛自天开”，如深山古寺如何藏而不露，和周围环节协调。例如，我国南北园林迥然不同的特色就直接与当地的地理环境有关。北方园林又称皇家园林，以帝王宫苑为代表；南方园林又称私家园林，以江南宅园为代表。北方园林依据北方平坦宽阔的大平原的地形特征，大多规模宏大，气势雄伟，平面布局较为严整；建筑壮丽豪华，色彩鲜艳强烈，风格上显得雍容华贵。南方园林依据南方平原小、地块分散、多山、气候湿润的自然环境特征，大多面积较小，但布局灵活紧凑；建筑精巧秀丽，色

调素雅，一般是灰色屋瓦，白色墙壁，褐色的门窗，不施彩绘，常有精致的砖木雕刻作装饰，显得朴素清雅，玲珑精致；有独特的叠石造山手法，园林中往往用奇形怪状的石头堆叠众多假山，给人峰峦回抱、洞壑幽深的感觉，富有江南水乡特色，“以水取胜”，明媚秀丽。

4. 景区规划设计要维护生态平衡

自然生态环境是旅游资源存在的基础，“皮之不存，毛将焉附”，没有良好的生态环境，就没有良好的自然风景和较高的旅游价值。

5. 景区规划设计要运用整体性原则

这一原则就是要让景区的自然、社会、经济效益达到最完美的统一。旅游业已成为当今世界最具活力的庞大的产业活动和人们最重要的休闲、娱乐活动，同时也是影响环境变化的一个重要因素。旅游业的可持续发展直接影响区域的可持续发展，要达到可持续发展的目标，必然是经济效益、生态效益、环境效益三者均达到最优。因此，旅游景区规划设计时不能仅从经济效益角度出发，应综合分析生态影响及社会影响，达到景区的可持续发展。

第三节　景区规划的编制和评审

一、旅游景区规划的一般步骤

(1)景区调查要规划的景区及客源地的地理环境，包括自然环境、文化环境和社会经济环境。调查景区的地理环境背景，景区内现有的基础设施，本区旅游客源市场对旅游需求的数量、质量和类型。

(2)景区基本要素分析旅游业开发的可能性(如政策因素等)、本地区可以开发成为旅游景点的地理环境、景区现有基础设施的服务能力。

(3)景区规划分析景区特色，树立景区形象；规划景区各要素的空间布局；规划景区的基础设施。

(4)规划旅游线路依据旅游者的不同需求规划出几条旅游线路，如老人线路、青年线路、儿童线路等。

(5)规划应急方案也就是要分析以上所规划出的旅游活动中可能的安全隐患。例如，夏季是否有洪水，冬春季节是否容易发生森林火险，山区植被覆盖度如何，发生滑坡、泥石流等地质灾害的可能性有多少。这些安全隐患存在于当地的自然环境中，因此对自然环境中的要素进行细致分析，安全隐患便分析出来了。在分析的基础上规划防护措施，如河水上涨迅速、风大的天气应停止漂流活动、观看瀑布的地区应设防护栏，有漂流活动的河流边定点设立专人监护，多发森林火险的地区专门设置森林防护管理机构等。

(6)规划区域影响也就是分析本景区的旅游活动可能给景区的自然环境、社会环境、经济发展带来什么影响。在规划报告中应把可能的影响列出来。

①旅游景区开发项目可行性研究。

②编制景区规划项目任务书。

③组建规划组织。

④制订工作计划。

⑤室内资料调研。

⑥田野实地考察调研。

⑦编制景区规划初稿、中稿以及终稿。

⑧聘请专家评审规划。

⑨组织规划的实施和修订。

二、旅游景区规划的构成体系

1. 成果形式上的规划构成体系

一般而言，景区规划的成果体系由以下 6 种形态构成：①规划说明书；②规划总报告；③专项(题)报告；④规划图件；⑤多媒体附件；⑥其他类型附件。

2. 具体编写的规划内容体系

景区规划的具体编写内容和结构体例，需要规划编制者以相关规范为依据，并针对实际情况加以确定。但无论规划编写的结构体例如何，在内容上应满足《旅游规划通则》及其他相关规定中对规划内容和研究深度的要求。目前我国相关领域内的旅游规划规范有《旅游规划通则》(GB/T18971—2003)、《风景名胜区规划规范》(GB50298—1999)、《森林公园总体设计规范》(LY/Y5132—1995)。景区规划主要有以下内容：①前期概念设计；②景区总体规划；③景区控制性详细规划；④景区修建性详细规划；⑤景区单体设计；⑥景区修订性规划。

三、旅游规划的评审、报批与修编

旅游规划文本、图件及附件的草案完成后，由规划委托方提出申请，上一级旅游行政主管部门组织评审。

1. 评审方式

旅游规划的评审采用会议审查方式。规划成果应在会议召开5日前送达评审人员审阅。旅游规划的评审，需经全体评审人员讨论、表决，并有3/4以上评审人员同意，方为通过。评审意见应形成文字性结论，并经评审小组全体成员签字，评定意见方为有效。

2. 规划评审人员的组成

旅游发展规划的评审人员由规划委托方与上一级旅游行政主管部门商定；景区规划的评审人员由规划委托方和当地旅游行政主管部门确定。旅游规划评审组由7人以上组成。其中行政管理部门代表不超过1/3，本地专家不少于1/3。规划评审小组设组长1人，根据需要可设副组长1～2人。组长、副组长人选由委托方与规划评审小组协商产生。旅游规划评审人员应由经济分析专家、市场开发专家、旅游资源专家、环境保护专家、城市规划专家、工程建筑专家、旅游规划管理官员、相关部门管理官员等组成。

3. 规划评审重点

旅游规划评审应围绕规划的目标、定位、内容、结构和深度等方面进行重点审议，包括：①旅游产业定位和形象定位的科学性、准确性和客观性；②规划目标体系的科学性、前瞻性和可行性；③旅游产业开发、项目策划的可行性和创新性；④旅游产业要素结构与空间布局的科学性、可行性；⑤旅游设施、交通线路空间布局的科学合理性；⑥旅游开发项目投资的经济合理性；⑦规划项目对环境影响评价的客观可靠性；⑧各项技术指标的合理性；⑨规划文本、附件和图件的规范性；⑩规划实施的操作性和充分性。

4. 规划的报批

旅游规划文本、图件及附件，经规划评审会议讨论通过并根据评审意见修改后，由委托方按有关规定程序报批实施。

5. 规划的修编

在规划执行过程中，要根据市场环境等各个方面的变化对规划进行进一步的修订和完善。

第四节 旅游景区规划的发展趋势

一、中国旅游规划的发展历程

相对于国际旅游规划的发展而言，中国旅游规划起步更晚，始于20世纪80年代，由最初的地理专业人员开始，发展到现在地理、城市规划、建筑学、风景园林、经济学、历史学等多学科领域的人员参与的规划，政府部门也逐渐介入到规划的制定和审核过程中，旅游规划得到了较大的发展。中国的旅游规划理论研究最早可以追溯到1982年，在中国科学院地理科学与资源研究所汇编出版的《旅游地理文集》中，郭来喜的《旅游规划问题初探》《中国旅游业发展的十个问题及其解决途径》是我国旅游规划理论基础研究的最早成果。1987～1990年，旅游规划理论的研究成果主要是旅游资源和旅游地的评价方法。其中俞孔坚综述了风景评价的认知学模型，保继刚、邢道隆分别应用层次分析法确定旅游资源评价的指标体系权重，楚义芳构建了我国观赏型旅游地评价的模型系统。

20世纪90年代，大量的旅游规划实践使这一时期的研究主要集中于个案式模式研究。这一阶段由于中国旅游规划的发展已经历了从资源导向转向产品导向、从产品导向到市场导向的转变，故此时的旅游规划研究十分注重旅游市场的研究。20世纪90年代末以来，国内学术界也开始关注由旅游开发所产生的各种旅游效应，并开始进行考虑到环境效应的生态旅游规划研究和基于文化效应方面的人类学旅游规划研究。

中国的旅游规划未来将向何处发展，我们认为但凡能指导旅游规划实践，促进旅游目的地经济、社会和环境全面协调发展的都可以认为是正确的。上述各种导向也只是指出了某一方面发展的重要性，在不同的时期，发展重点也应是不同的。

二、旅游景区规划未来发展趋势

1. 全球化趋势

随着经济全球化的发展，国家之间的界限正日渐模糊，不同文化背景的人们之间的交流也日趋频繁，特别是中国加入了世界贸易组织，与世界上其他国家的交往会越来越多。在这样的环境下，旅游规划也必然呈现出全球化的趋势，即在旅游市场的定位、旅游项目的设计、旅游教育和培训等方面的问题开始与国际接轨。国内的旅游规划学者和专家也要培养更加强烈和全面的竞争意识，在国际上与旅游规划工作者开展广泛的合作和交流。

2. 市场化趋势

旅游规划要以市场为服务对象，这是在市场经济条件下人们的一切活动都必须遵循的准则，从前那种靠政府进行规划的方式将一去不复返。旅游规划的编制将进一步市场化，规划编制方和委托方要通过公平竞争的方式，公平、公正、公开地走到一起。我国一些地区的旅游规划编制的招标程序市场化程度比较高，如全国首次省级旅游规划《福建省旅游发展总体规划》的编制招标就是在全国范围内开展的，并经过严格的评选，最终由湖北大学马勇教授主持。市场化趋势可以保证所编制旅游规划的质量和促进旅游规划编制效率的提高。

3. 产业化趋势

旅游业作为一个高速发展的新兴产业已经为世人所瞩目。实践证明，旅游业的发展要力求从高起点进行定位，实行适度超前的发展战略。与此相适应，就要求旅游规划应站在一个比较高的层次上来审视旅游规划区的发展问题。只有站在产业的高度，才能真正做到规划的科学性、合理性和可操作性的完美结合。

4. 生态化趋势

旅游业被人们称为无烟产业，但并不表示对周边环境完全不产生影响，而只是影响较小。随着世界范围内生态环境的不断恶化，人们对可持续发展的认识越来越深入，旅游规划作为指导当地进行旅游开发和发展的纲领性文件更要体现生态化的设计理念。近年来，在旅游地的规划和开发中已经开始重视旅游目的地生态环境（空气、地表水、噪声状况）、污染控制和管理、环保设施建设等方面的内容。保证旅游地在开展旅游活动的同时，注重生态平衡的保持，努力使旅游者的活动及当地居民的生产和生活活动与旅游环境融为一体，以实现保持—利用—增值—保护的良性循环。

5. 战略化趋势

旅游规划的编制关系到景区未来的发展方向，是地区经济发展中的一个重要文件，因此要立足于战略的高度，协调好旅游规划区长远利益与眼前利益的关系，注重长期内景区产业竞争力的培植与提升。总体来说，旅游规划的编制应当以注重特色为战略灵魂、以质量为战略根本、以利益为战略目标、以产业为战略水准，在宏观层面上重视政府主导战略、产品开发战略、形象建设战略、产业融资战略、市场开拓战略、科技支撑战略的综合运用。

6. 创新化趋势

当今世界变化万千，旅游规划的编制同样也要受制于不断变化的环境，如政治环境、文化环境和经济环境等。未来旅游规划的编制要求编制者注重对旅游规划内容和方法的创新性思考。创新性是核心竞争力的一个核心指标，只有不断地在旅游规划的内容上和所使用的技术上进行突破，所编制的规划成果才能具备较强的生命力和竞争力。

7. 多元化趋势

旅游规划的多元化趋势是旅游规划的学科特征所决定的，其多元化趋势表现在旅游规划编制组成员、旅游规划的技术方法和手段的多元化上。旅游规划所涉及内容的综合性决定了编制组成员的多元化，仅仅靠一个方面的专家是无法完成一项系统化的规划研究的。旅游活动的社会性又决定了新兴的科学技术必须被不断地引入到旅游活动中来，所以旅游规划中所使用的技术方法和手段也随着时间的延续呈现多元化趋势。

8. 系统化趋势

旅游规划不是一项独立的工作，它与旅游开发地的经济发展的各方面有着千丝万缕的联系，如旅游规划专家组与本地旅游业界和学术界的关系、景区各利益相关者之间的关系等。任何一个方面的关系处理不当都不利于旅游规划的制定，所以旅游规划今后要以系统化的观点进行编制，规划编制的每个过程和各个部分之间要进行有机的协调和控制，共同完成一个特定的目标。

第六章

旅游景区安全管理与智慧管理

第一节　旅游景区安全管理

一、旅游景区安全管理概述

（一）旅游景区安全管理相关概念

1. 旅游安全的概念

旅游安全是旅游活动中所有安全现象的总称，既包括旅游活动各个环节的安全，也包括开展旅游活动的环境安全和旅游活动涉及的人员、设备的安全。

2. 旅游景区安全管理的概念

旅游景区安全管理是指根据国家旅游安全工作方针政策，为减少旅游景区安全事故的发生、保障旅游者的人身和财物安全，在接待服务过程中采取的一系列管理行动的总称。它包括对景区工作人员的安全培训、对游客的安全宣传教育和行为安全引导、安全保障基础设施的构建、景区安全防控以及相关规章制度的制定实施。

（二）旅游景区安全管理的特点

1. 管理难度大

旅游景区的安全管理既包括对游客安全的管理，也包括对旅游景区安全的管理。旅游景区尤其是以自然资源为依托的景区，大多有广阔的空间范围，设施设备分布点多，再加上游客在游览过程中都是呈散布状态,流动性非常强,因此安全管理的难度非常大。另外,旅游景区安全事故的表现形态多种多样,处理安全事故又必须及时有效、公开透明,也在一定程度上加大了安全管理的难度。

2. 影响因素多

旅游景区安全管理涉及游客在景区游览过程中的所有环节,每个环节的安全受到众多因素的影响,有些是可防可控的,有些是不可控的。例如游客在旅游景区乘坐游览车,影响安全的包括游客自身安全意识、景区天气情况、景区路况、游览车载客量、司机驾驶技术、游览车整体车况和其他游览车的行驶情况等多种因素。

3. 安全责任重

旅游景区安全事故往往危害和破坏性较大,会造成游客财物损失、人身安全受到威胁,甚至使景区和旅游企业遭受财产损失;严重的安全事故还可能在国内外造成极坏的舆论效应,影响旅游者对旅游景区及所在地的安全认知,危害当地旅游业的发展,影响旅游目的地的旅游形象和声誉。因此旅游景区安全管理的责任极其重大。

(三)旅游景区安全管理的重要性

1. 对旅游者的重要性

安全是旅游的生命线,也是旅游者选择出行目的地的重要考量因素,如果景区旅游服务设施的安全隐患比较多、发生安全事故的频率较高,即便旅游景区的资源禀赋再高、景色再美游客也不愿意来参观游览。如果旅游者在游览过程中遭遇安全事故,还会严重影响旅游者对景区的满意度。

2. 对旅游景区经营者及商户的重要性

安全是确保景区旅游活动及各项经营活动正常开展的关键。安全事故的发生,会给旅游者带来生命和财产的危险,进而影响旅游者对景区安全的认知和评价,使景区客流量在短期内明显下降,景区经营者和商户的经济利益遭受损失,旅游地的信誉和形象受到破坏的连锁反应,这种负面效应持续时间的长短取决于安全事故的破坏程度及后续处理力度的大小。因此，景区安全管理是旅游经营者及商户获得良好经济效益的重要条件。

3. 对地方旅游业的重要性

旅游活动包含了“食、住、行、游、购、娱”六大要素，与相关行业的关联度较高，对地方经济发展的拉动作用也比较明显。旅游景区安全管理如果存在漏洞和缺陷，不仅会影响到景区的正常经营运作、周边商户的经济利益，还会降低景区的知名度和美誉度，进而影响地方旅游业的持续发展。

二、旅游景区安全事故的表现形式及原因

（一）旅游景区安全事故的表现形式

1. 自然灾害事故

自然灾害是指给人类生存带来危害或损害人类生活自然环境的自然现象，包括：洪涝、台风、山洪、龙卷风、雾霾、沙尘暴、雷暴等气象灾害，火山喷发、地震、山体崩塌、滑坡、泥石流等地质灾害，风暴潮、海啸等海洋灾害，因自然原因引发的森林草原火灾等。

2. 交通事故

景区交通具有一定的独特性，不仅包括常规交通方式，还包括特殊的旅游交通，因此，可将景区交通事故定义为交通工具在相关通道上因过错或意外造成人身伤亡或财产损失的事件。根据交通工具及事件发生空间的不同，景区交通事故可分为道路交通事故、水域交通事故、特种旅游交通事故。

（1）道路交通事故。按照我国相关法律的规定，道路交通事故是指车辆在道路的行驶过程中因过错或意外造成的人员伤亡或财产损失的事件。景区的道路交通事故通常是旅游车辆由于各种原因相撞、追尾、坠落、陷落或撞到行人等。

（2）水域交通事故。景区水域交通事故是指发生在湖区、海域、江河、溪流等水域的水上运载工具因为各种原因而发生的碰撞、翻船和沉船

事故。

(3)特种旅游交通事故。特种旅游交通是指为满足旅游者游览、娱乐的需要而产生的特殊交通运输方式,主要可以分为以下几类:在景区和景点内的某些特殊地段,为了游客的安全或节省体力而设置的交通工具,比如缆车、索道、直达观光电梯等,可能发生的安全事故有突然停运、坠落或滑落;带有娱乐性质、并能辅助体力较弱的老弱妇孺旅游者完成观光游览的交通工具,比如滑竿、骆驼、马匹等,其可能发生的安全事故为失控和冲撞;带有探险性质及在特殊需要下使用的交通工具,比如羊皮筏子、热气球等,其可能发生的安全事故为翻覆和坠落。

3.治安事件

治安事件是指违反治安管理法律法规,依法应当受到治安行政处罚,由公安机关依法立案查处的违反治安管理的行为。由于近年来中国旅游发展迅速,景区游客数量猛增,因此在景区发生的与旅游者相关的治安事件数量也明显增加。从表现形式来看,景区治安事件主要有以下几类:在景区、交通工具及住宿餐饮购物场所发生的偷盗和抢劫事件;因强买强卖引发的言语争执、肢体冲突甚至人身伤害事件;以模糊标价误导消费者的价格欺诈事件等。

4.溺水事故

溺水是指人淹没于水中受到伤害的状况,此类事故一般发生在水域型景区、有水体景观的景区或以水上游乐项目为主的主题公园,夏季是高发季节,多为游客在沙滩玩耍、在泳池游泳时不慎发生溺水,也有因不熟悉水情或不顾警示在危险水域下水而导致意外发生。

5.火灾事故

景区的火灾事故主要是指非自然因素引发火灾,导致人员生命安全和财产安全受到威胁和损害的事件。火灾的发生原因有故意纵火和过失致火两种,发生的场地主要是景区草木较为集中的区域、住宿设施、餐饮设施和游乐设施等。

6.食物中毒事故

食物中毒事故是指因景区饮食卫生条件差、食品不干净或因不熟悉物种特性而误食有毒的动植物导致游客身体不适甚至危及生命的事故。

7.环境安全事故

环境安全事故是指因景区的自然环境和游览环境中存在的安全隐患而导致的安全事故,如较狭窄游道在游客数量较多的时候可能引发游客拥挤、踩踏事故,山岳型旅游景区的悬崖、峭壁、险峰等可能发生游客坠落致伤亡事故,游客误触近海区危险海洋生物如水母、海蜇等引发的过敏、中毒反应等。

8.游乐设施安全事故

我国不少旅游景区内设有供游客娱乐的游艺设施,为了增加趣味性以及激发游客的参与热情,大多为高空、高速类的设施,如过山车、高空蹦极等,检修技术落后、设备老化、监管不力等原因都有可能造成因设施机械故障而引发的游客伤害事件。

(二)引发旅游景区安全事故的原因

1.自然环境因素

(1)自然环境复杂。我国大部分景区以地文景观为主,多样的地文景观及丰富的动植物景观是吸引游客前来游玩的重要因素,但也可能成为让游客受伤的原因。陡崖、险峰、瀑布、峡谷这些观赏性较强的景点往往也是旅游安全事故的多发地。

(2)突发自然灾害。自然灾害有一定程度的预测难度,因此大多数时候都是突发而至,给景区带来破坏的同时,也严重威胁游客的出行安全和游览安全。

2.旅游者因素

(1)安全意识淡薄。游客在旅游过程中因为愉悦的旅游体验,很容易放松对危险的警惕,行为上比平常更为放纵,为一些安全事故的发生埋下了隐患。比如:在山顶观景台拍照留念时,为了拍摄角度独特的照片而做出一些危险动作,甚至翻越围栏;在乘坐游船游江时,不顾工作人员的劝阻在甲板上嬉笑追逐;秋冬季节在森林公园里抽烟或者随意点燃干草枯木玩等。类似行为引发的坠崖、溺水、山火等事件,给游客和景区带来了不可挽回的生命财产损失。

(2)盲目追求个性化。近年来,不少有过数次旅游经验的旅游者和年轻旅游者不满足于安全系数相对较高但缺乏个性的旅游方式,不顾个人身体条件以及户外生存经验、生存技能的不足,盲目追捧一些危险刺激、运作尚不成熟的高风险旅游项目,不仅给自己带来了危险,还极大增加了景区的安全管理难度。

3.旅游景区因素

(1)安全管理人员不足。安全事故相对于景区的日常经营运作来说,发生频率较低,因此大多数景区对安全管理没有引起足够的重视,从事景区安全管理工作的人员多由保安人员兼任,在景区旅游高峰期甚至抽调其他工作人员到安全岗位,少有熟悉安全事故发生规律、事故处理方法的专业人员。一方面,这些未经专业培训的工作人员安全意识薄弱、安全敏感性不够,无法在安全管理中及时发现和排除安全隐患;另一方面,一旦发生安全事故,他们很可能因为经验的缺乏而延误事故处理的最佳时机。

(2)安全管理方法落后。目前,不少景区对安全的管理主要是等待事故报案或者定时巡逻;这些被动落后的工作方式无法实时有效地监控景区的安全状态。一方面,景区地域范围广阔、地理环境复杂,监控盲点原本就比较多;另一方面,景区游客数量多、流动性大,安全隐患也比较多。因此,安全管理更多的是做好事故隐患排查和风险防控工作,但巨大的工作量光靠有限的人工作业是无法完成的,因此难免出现安全隐患。

三、旅游景区安全管理体系构建

(一)建立旅游景区安全管理系统

1.控制系统

旅游安全控制是旅游主管部门、旅游企业、旅游者及其他社会机构之间通过制度、政策控制和利益协调而相互作用的管理过程。景区安全控制系统是景区为了自身的经营和运作安全而设置的安全管理和监控体系，是景区安全管理系统的中枢，包括管理机构和管理制度两部分。

(1)设立安全管理机构。原则上，景区内所有管理机构均应承担安全管理的部分职责，景区内所有部门都负有安全管理的责任，全体员工都应该在其工作岗位上做好景区安全工作，即全员安全管理制，在此基础上，结合景区的实际情况，成立专门的安全管理机构，该机构是景区负责安全管理的全职机构，具有景区安全管理的权威性，负责景区安全事故防范、控制、管理与指挥工作。景区安全管理机构可设立为安全保卫部或安全保卫科，是景区管理委员会或管理局的直接下属机构，下辖巡逻、护卫、消防、监察执行和安全教育等分支机构。

为更好地应对和解决突发事故，景区还应设立突发事故应急委员会，由景区管理负责人任总指挥，其他部门的一把手、景区派出所的所长担任委员，处理与应急事故相关的日常工作。下设安全事故应急联动指挥中心，包括通信联络组、应急救援组；安全保卫组、医疗救护组、后勤保障组、人员疏散组、善后处理组等。在未发生突发事故的情况下，该指挥中心及其下属机构处于解散状态，但一旦发生事故则自动集合并开始发挥作用。

(2)完善安全管理制度。景区的安全管理制度是在国家相关法律条例的指导下，为保证景区员工和旅游者人身财产安全所制定的符合景区安全管理实际情况的章程、办法和措施，是景区安全管理必须遵守的规范和准则。主要包括：①岗位安全责任制，详细规定各部门、各岗位管理人员和部门人员应承担的责任，用责任明确、责任细化、责任判定的方法来促进安全管理；②领导责任制，即由景区的法定代表人或主要负责人统筹负责本单位的安全管理工作；③重要岗位安全责任制，对易发生安全事故的地段，要配备专门的安全管理员，明确范围、内容、责任和任务，一旦在这个岗位发生重大事故时，可以进行法律责任追究；④旅游安全管理制，景区员工应按段、按片划分责任区，进行分段分片管理，加强值班巡逻；⑤经济责任制，按照违反规定的具体情况及造成损失的严重程度，分别给予责令整改或承担经济损失的处罚，甚至追究法律责任；⑥监督检查和奖励制度。

2.信息管理系统

景区信息管理系统是收集和加工旅游安全信息的系统，是保证旅游安全预警准确、及时和高效的前提条件。虚拟化技术、数字化技术、空间技术和网络化技术的出现使信息的传递、处理变得更加方便和快捷，也大大节约了解决安全问题所需要的有形资源，从而提高了旅游安全管理的效率。景区安全管理系统中各项功能的实现都以信息为支撑，信息的转换、更新、传递为系统的正常运行提供必要的保障。

景区旅游安全信息管理系统主要由天气信息、交通信息、游览环境信息和景区容量信息四个子系统组成，每个子系统都具有搜集信息、分析信息的功能。旅游安全防控和预警效果的高低，取决于所收集信息质量的好坏，通过新的科技手段对景区旅游安全信息进行搜集、分类和加工，确保了信息的真实性和完整性。

3.安全预警系统

景区安全预警系统主要是在信息搜集和处理的基础上制定旅游安全对策和发布旅游安全信息，包括对可能发生的事故的预警和已经发生事故的报警。对可能发生的旅游事故和灾害区域发出预警信息，主要是达到防患于未然的目的；对已经发生的事故发布报警信息，主要是减少事故损失、保护游客的人身财产安全、控制危害的发展。安全预警信息应在景区主要出入口、客流主要集散地、核心景点等以醒目的公告牌、循环播放的广播、工作人员流动喊话等方式告知游客，并组织人员按照预警方案对游客进行引导和疏散。同时，在建设智慧景区的背景下，这些预警信息都可同步实时地通过移动智能终端向游客推送，帮助游客作出相应的旅游行为调整。

(1)交通安全预警。通过加强现代电子信息技术在交通体系中的全面应用，完善智慧旅游交通体系，是建设智慧景区的任务之一，同时也是解决旅游交通安全的有效途径。景区充分利用物联网技术监测交通工具、交通基础设施等一切与旅游者相关的交通要素，通过安装和使用摄像头、感应器、传感器等获取大量交通数据，如全球定位系统（以下简称GPS）数据、道路的传感器数据、天气数据、拥堵数据等，预测道路通行能力、提醒避开已出现拥堵或发生交通事故的路段，提高景区对旅游交通的监控能力，保障旅游者的交通出行质量。

（2）环境污染预警。景区自然环境的好坏，不仅影响游客的旅游体验，还会影响游客的身体健康。环境是开展旅游活动的载体，但旅游资源开发、景区的建设生产、旅游者的旅游行为又会对环境产生影响甚至是破坏。射频识别、红外感应器、全球定位系统、激光扫描等智能监控技术的使用能实现对景区资源和环境的监控。通过实时监测景区空气质量、水质、地质、单位面积游客量（游客人数过量也会带来污染）等，对污染物超标、可能发生污染事故的景区功能区域发出预警信息，确保游客身体健康和景区的可持续发展。

（3）自然灾害预警。自然灾害具有突发性强、破坏性大的特点，及时、准确的预警信息有利于减少灾害带来的经济损失和人员伤亡。景区通过与气象、环境、地质等部门进行信息联网，实时监测相关指标数据并进行对比分析，预测可能发生危及旅游安全的灾难与事故，并根据危害程度的差异发出不同级别的警告。同时，借助景区智能监控系统对景区环境的监测，获得对自然灾害全面透彻的感知监测，如一些山地景区发现山体形变，可推断有山体滑坡风险，应对该区域加强监控并做好灾害处理准备。

（4）环境容量预警。景区环境容量是指景区环境各要素所能承受的旅游者人数和旅游活动强度，一般有最小容量和最大容量两个阈值。环境容量预警旨在提醒旅游者合理选择出行时间和游览区域，以免出现景区游客过分集中、人满为患的现象，造成对游客旅游体验和景区环境的破坏，而这些都建立在对景区游客人数精准统计的基础上。

景区的门禁系统是获取进入人数的最佳途径，尤其在建设智慧景区的背景下，不少景区都采用了电子门票，当游客进入景区检票时，可被自动识别进入景区，相应的信息被传送到景区的数据中心。通过分析景区主要出口安装的智能监控设备所获取的视频，统计出景区的人数，从而推断出景区内的总人数，以判断是否需要启动容量预警。在一些客流量较大的景点建立人数统计的系统，并利用视频分析实时游客数量，同时监控是否有异常行为发生，有些景区与电信服务商展开合作，借助网络定位等信息服务技术，为景区提供游客的即时位置动态，不仅能获得更为精确的游客数量的统计数据，还能够判断出游客在景区内的分布情况，以及是否需要对游客进行引导和疏散。有些景区则是通过发售带有射频技术的电子门票实现对游客的有效跟踪定位。

4. 应急救援系统

景区的紧急救援是指为发生意外的旅游者或旅游从业者提供的紧急搜救服务，它以搜救失踪人员和紧急救治受伤人员为主要任务。紧急救援系统是以旅游救援中心为核心由景区、医院、公安、消防、通信、交通等多部门参与的社会联动系统。旅游救援中心通常由政府牵头组织，各个景区建立子系统与全国性的应急救援中心互联。在景区实际救援活动中，通常发挥主导作用的是景区突发事故应急委员会下辖的安全事故应急联动指挥中心，旅游救援中心则负责统筹和部署。

针对旅游者在游览过程中可能出现的各种意外情况，景区应实现景区 Wi—Fi 覆盖，防止游客在遭遇紧急情况时因信号不佳无法及时发出求救信息。部分景区可能因为面积非常大，网络信号不稳定，可通过部署求助报警终端一键求助，在游客触发报警设备后，监控中心可以通过网络摄像头看到报警人的实时视频图像，并可以进行语音通话。

景区通过安装智能监控设备，可实现安全监控的全面可视化、可控化管理，一旦游客发生意外，景区监控管理人员可在第一时间组织力量进行应急救援，另外，景区可开发配套 APP，当游客用智能手机实名登录 APP 并输入门票信息后自动接入景区监控平台，成为可定位、具有报警和求助功能的移动终端，可较大提升紧急救援的有效性和时效性。

(二)完善旅游安全保障体系

1. 旅游安全法规体系

旅游安全法规体系是旅游安全保障体系的基础，为旅游安全管理提供法律依据。它能从法律角度来规范和约束旅游从业人员的行为，强化旅游从业人员的安全意识和防控意识，增强旅游者的安全意识、约束旅游者的不当行为。

2.旅游保险

在旅游安全保障体系中，旅游保险是安全事故发生后游客获取补偿的主要来源，因此构建完善的旅游保险体系，为旅游安全提供了经济保障。现阶段我国已形成了相对完备的旅游保险体系，可以为旅游者提供旅行期间的个人意外伤害及医疗保障，保险品种较为齐全，服务也人性化，但较低的保险购买率并未让旅游保险充分发挥保障作用。

保险是良好的风险管理手段，为提高投保率，可从以下几方面采取措施：第一，加大保险宣传力度，增强旅游者的保险意识，主动保护自己的合法权益；第二，增加旅游保险的购买渠道，旅行社应成为旅游保险的主要线下代理商，各大旅游电商平台则是主要的线上代理商，旅游保险采取单独销售和与旅游产品搭配销售两种模式，让消费者根据自己的需要自行选择；第三，加强对旅游保险监管，鼓励保险机构开发更具个性化的旅游保险产品；第四，推动旅游保险保障系统进一步完善，充分发挥旅游保险在转移风险、善后处理方面的保障作用。

(三)加强景区安全宣传和安全教育

良好的安全意识是景区工作人员做好旅游安全工作的基础，要通过加强旅游安全宣传和安全教育，让景区的领导、员工都牢固树立安全意识，掌握各自岗位的安全职责和安全技能。根据《中华人民共和国安全法》的规定，“生产经营单位的主要负责人和安全生产管理人员必须具备与本单位所从事的生产经营活动相应的安全生产知识和管理能力”，“未经安全生产教育和培训合格的从业人员，不得上岗作业”，景区旅游安全问题的成因较为复杂、表现形式多样，因此应建立以政府旅游行政部门为主体的旅游安全逐级培训制度，解决现有培训分散、培训主题不明确的问题，确保各级管理人员和一线从业人员都能参与对应层级的培训，熟悉有关的安全生产规章制度和安全操作规程，掌握相应的安全知识和安全技能。

四、游客安全行为引导

由于旅游者不当的旅游行为有可能导致旅游安全事故发生，且旅游者又是安全事故中的受害者，为了消除安全隐患和降低旅游风险，可通过旅游安全宣传、设置旅游安全标志、建立旅游安全信息服务中心、发放游客安全手册等方式来引导游客规范自己的旅游行为，实现安全出行的目标。

（一）旅游安全宣传

旅游安全宣传分为旅行社宣传和景区宣传两个部分。

根据《旅游法》第六十二条第（二）款规定，在订立包价旅游合同时，旅行社应向旅游者告知旅游活动中的安全注意事项。旅行社主要是通过发放旅游安全知识宣传材料和组织出行前动员会的方式来对游客进行旅游安全的事前引导，告知游客在出行前应做好的准备工作、行程安排、目的地风土人情、游览过程中可能出现的突发事件及处理方式、旅游安全风险防范、文明出行的行为规范等，强调游客违反安全规则可能导致的后果及应承担的责任，增强游客的安全意识。

景区安全宣传由景区定点导游或讲解员主导，针对景区存在的安全隐患向游客做出真实说明和明确警示，比如提前告知常规游览线路、易发生危险的观景点、高危险性参与项目的风险提示等，引导游客在安全的线路上游览，尽量杜绝和阻止游客的危险行为。如果遇到天气突变、道路出现险情或其他危及游客财产和人身安全的紧急情况时，定点导游或讲解员可临时调整游览路线，且应全程与游客在一起活动，及时清点人数，以防游客走失。如景区不提供定点讲解和导游服务，则应在景区主要入口和易发生危险的地点张贴安全通告、设置安全指示牌，对游览过程中的安全风险进行明确告知。景区还可利用官方网站定期进行旅游安全知识宣传，特别是在节假日之前发布与旅游安全息息相关的通告，加强对旅游安全问题的防范。

(二)设置旅游安全标志

旅游安全标志是利用文字或符号、图案等对旅游者的行为具有提醒和警示作用的引导标志,包括对某些行为的禁止和对旅游者行为方向性的指引等。根据我国制定的安全标志和安全色的标准要求,标志中含有警告和禁止含义的图案及符号应分别使用黄色和红色,图形与衬底的颜色应形成强烈对比,并使用吸引旅游者注意的色彩和色调。

旅游安全标志一般可以分为四类:禁止标志,包括禁止吸烟、禁止通行等,为红色圆形边框带斜杠的图标;警告标志,用于提醒游客注意周围环境,避免发生危险的标志,图形为三角形边框,框内有表示不同含义的图像。指令标志,强制游客必须做出某种动作或采用防范措施的圆形图形标志;提示标志,向游客提供某种信息,图形为方形,包括指示紧急出口、避险处位置等。

为实现良好的提醒和警示效果,旅游警示标志应设置在步道、车行道、岔路口及环境具有潜在危险的位置,安装高度和距离根据实际情况来确定,以游客易发现和能看清楚为宜。警示标志所显示的信息应准确无误,指示的文字不宜过长,尽量选择宋体、黑体和楷体等可读性较高的字体,语义应简洁明了。

(三)编制和发放游客安全指南

游客安全指南是景区发放的印刷物,主要是告知游客在景区游玩的安全知识和其他应注意的事项,提醒游客保护自身和财物的安全,圆满、愉快地完成旅游计划。安全指南应由景区主导编写,可放置于景区游客服务中心大厅和其他主要集散地的显著位置,与景区的宣传资料和导览资料摆放在一起,免费让游客拿取,或者在游客于售票处购买或兑换门票时随票一并发放效果更好。

安全指南应图文并茂、色彩鲜艳,内容通常包括交通安全事项、住宿安全事项、饮食安全事项、游览观景安全事项、娱乐安全事项、购物安全事项等,除了常规的安全知识和注意事项外,还应包括与景区资源和环境相关的特定注意事项。

(四)建立旅游安全信息服务中心

旅游安全信息服务中心可以是单独成立、由景区游客中心下辖的部门,也可以不成立类似机构,直接由游客中心来提供安全服务。安全信息服务中心的功能主要是协调和处理各类旅游安全投诉、为游客集中播放旅游安全教育音像视频、编发游客安全指南、分发和销售旅游安全必备品等,另外,应设立人工咨询岗位,随时为有需要的旅游者提供服务。如有突发状况,应及时通过广播系统或其他即时信息传递方式发布地质灾害、天气变化、洪涝汛情、交通路况、治安形势、流行疫情预防等安全警示及游览安全提示。

第二节　旅游景区智慧管理

一、智慧旅游概述

(一)智慧旅游的背景

2008年,IBM(International Business Machines Corporation,国际商业机器公司)首次提出"智慧地球"概念,主要思想是把新一代IT技术充分运用在各行各业中,通过超级计算机和"云计算"将"物联网"整合起来,人类能以更精细的和动态的方式管理生产和生活,从而达到全球"智慧"的状态,后来在此基础上又衍生出"智慧城市"的构想,从此"智慧"在全球掀起了建设浪潮。2010年"智慧旅游"概念第一次被正式提出来。在国家层面和旅游主管部门的积极推动下,我国智慧旅游发展如火如荼,渗透到旅游业发展的各个层面。

(二)智慧旅游的概念及内涵

1. 智慧旅游的概念

智慧旅游是一个全新的概念,它是在一定的技术基础和市场基础上产生的,但无论是学界还是业界对智慧旅游的概念都有不同的界定。而且随着时代的发展、信息技术的迭代升级，都会使智慧旅游概念的界定发生变化，因此本书在综合各方面对智慧旅游理解的基础上，将智慧旅游定义为运用云计算、物联网等新一代信息技术，通过互联网或移动互联网，借助智能终端设备，主动感知旅游资源、旅游经济、旅游活动、旅游者等方面的信息并及时发布，让人们能够及时了解这些信息并安排和调整工作与旅游计划，从而满足旅游者的个性化需求，最终实现旅游体验的个性化、旅游服务的智能化和旅游管理的数字化。

2. 智慧旅游的内涵

智慧旅游就是让旅游智能化，通过一定的信息技术的应用使旅游管理工作更加系统有序、旅游经营活动更加准确高效、旅游体验更加舒适便捷。如果将旅游业从传统形式到智慧旅游的发展过程分为几个阶段；则：传统旅游是初级阶段，主要通过传统媒体进行营销；数字旅游是过渡阶段，主要是旅游过程中的数字化和网络化；智慧旅游是高级阶段，最终实现旅游体验的个性化。智慧旅游覆盖的面更广，所产生的经济效益更高，更能满足社会对旅游的需要。

(三)智慧景区的概念及内涵

1. 智慧景区的概念

智慧景区是在智慧城市、智慧旅游基础上延伸出的新方向，是传统景区的创新升级，目前在学界和业界同样未形成统一的概念，因此在综合多方理解认知的基础上，本书认为智慧景区是指“通过智能网络，对景区地理环境、自然资源、旅游者行为、景区工作人员行迹、景区基础设施和服务设施进行全面、透彻、及时的感知；对游客、景区工作人员实现可视化管理”；同旅游产业上下游企业形成战略联盟，实现景区环境、社会和经济的全面、协调、可持续发展。这样的景区是将先进管理理论和现代科学技术高度集成，实现人与自然和谐发展的低碳智能运营的景区，能对景区环境、社会、经济三大方面进行更透彻的感知、更广泛的互联互通和更深入的智能化，能够更有效地保护生态环境，为游客提供更优质的服务。

2.智慧景区的内涵

智慧景区的内涵主要包括以下几个方面:通过物联网对景区环境、工作人员、设施以及旅游者、社区居民进行全面感知及可视化管理;利用最新信息技术及管理理论改变景区管理单位的组织结构,优化和再造景区管理业务流程;旅游景区应该和院校、科研机构、酒店、旅行社、航空公司及互联网技术企业等建立战略联盟,运用众人智慧、集结多方力量管理景区;智慧景区建设的目的是有效保护旅游资源尤其是遗产类资源的真实性和完整性,提高游客服务质量,实现景区环境、社会和经济全面、协调、可持续发展。

二、智慧景区建设

文化和旅游部发布的《"十四五"文化和旅游发展规划》中提出,智慧旅游要做好"五个智慧",即推进智慧建设、打造智慧产品、加强智慧管理、提升智慧服务和加强智慧营销。因此,旅游景区的智慧化建设是智慧管理的前提和基础,也是保障。这里的智慧化建设主要是指技术层面的建设,也可称为旅游景区的"智能化建设",它是一个复杂的系统工程,需要将现代信息技术与科学管理相结合,实现景区的可视化管理和运营。

(一)通信网络建设

通信网络是基本通信、数据传输的重要保障,因此通信网络的建设非常关键。首先,移动通信信号应尽可能做到景区全覆盖,而且信号质量好、线路顺畅;其次,尽量做到旅游景区内无线宽带网络全覆盖,游客在游览过程中可以方便地将手机、电脑等终端以无线方式连接上网;最后,旅游景区应建有供游客使用的公用电话,数量充足、设置合理,同时还需要部署电话报警点,电话旁公示景区救援电话、咨询电话、投诉电话,游客可在手机信号不好或者暂时无法使用移动终端的情况下,拨打报警点电话向接警处系统的值班人员求助。

(二)信息基础设施建设

主要指各种传感设备(包括射频传感器、位置传感器、能耗传感器、速度传感器、热敏传感器、湿敏传感器、气敏传感器、生物传感器等)、GPS终端、摄像头/摄像机和智能卡等，这些设备嵌入到景区的物体和各种设施中，并与互联网连接，将感知到的一切信息及时传导和反馈给数据中心。

(三)数据中心建设

数据中心是景区信息资源数据库的存储中心、管理服务中心和数据交换中心。旅游景区数据中心对外连接其他景区、旅游企业、政府部门，实现数据信息在同一行业、不同行业之间的交流与共享，对内连接不同管理系统，实现不同部门之间资源信息共享，使得不同用户都能够通过数据中心获取自己所需要的数据。

(四)信息管理平台建设

旅游景区信息管理平台是最重要的核心平台，要能实现资源监测、运营管理、游客服务、产业整合等功能。它包括：①地理信息系统(Geographic Information System，简称 GIS)，同时将多媒体技术、数字图像处理、网络远程传输、卫星定位导航技术和遥感技术有机地整合到一个平台上。②旅游电子商务平台和电子门禁系统。③景区门户网站和办公自动化系统。④高峰期游客分流系统，这套系统可以均衡游客分布、缓解交通拥堵、减少环境压力，以确保游客的游览质量；景区可以通过预定分流、门禁分流和交通工具实现三级分流，其中要采用 RFID(射频识别系统，是一种非接触式的自动识别系统)、全球定位、北斗导航等技术实时感知游客的分布、交通工具的位置和各景点游客容量，并借助分流调度模型对游客进行实时分流。⑤其他配套系统，包括规划管理系统、资源管理系统、环境监测系统、智能监控系统、LED 信息发布系统、多媒体展示系统、网络营销系统和微机管理系统等。

(五)综合决策平台建设

综合决策平台是为了实现旅游景区管理和服务深度智能化而搭建的一个系统平台。这个平台建立在信息基础设施、信息管理平台和众多业务系统之上，能够覆盖数据管理、共享、分析和预测等信息处理环节，为景区管理层进行重大决策提供服务。该平台还应将物联网与互联网充分整合起来，使景区管理高层可以在指挥中心、办公室或通过4G/5G智能手机全面、及时、多维度地掌握景区实时情况，并能及时发号施令，以实现景区可视化、智能化管理。

三、智慧景区管理

智慧景区主要是从提供优质旅游资源出发，以高质量服务旅游者为导向，最终实现经济效益和社会效益的最大化，因此，旅游景区在智慧化建设的基础上，通过旅游管理智慧化、旅游服务智慧化及旅游营销智慧化来实现旅游景区智慧管理。

(一)旅游管理智慧化

智慧的旅游管理能够有效利用信息技术及时掌握游客的旅游活动信息和旅游企业的业务信息，使旅游业的监管从传统的被动管理和事后管理转变为过程管理和实时管理，实现由传统旅游管理模式向现代管理模式的转变。

1. 综合管理

(1)构建景区全方位监控体系。旅游景区的视频监控应尽量全面覆盖景区，同时重要景点、客流集中地段、事故多发地段能够重点监控，监控界面的图像能在各种显示设备上显示并进行操作，视频监控具备闯入告警功能，控制面板能控制画面缩放和镜头转动，能实现图像的实时远程观看以及物联网视频监控等。

(2)实现对旅游客流的实时监控。客流实时监控主要包含景区入口人流计数管理、出口人流计数管理、游客总量实时统计、游客滞留热点地区统计与监控和流量超限自动报警等，能及时掌握景区每个周期的客流总量及客流峰值、谷值时间段，在客流较为集中的小长假或黄金周期间提前做好控制景区容量的预案，在客流拥堵发生时也能尽快进行疏导，减少不必要的风险和损失。

(3)打造立体式景区安全管理系统。安全管理系统的构建包括：①建立安全管理机构，设立突发安全事故应急和联动中心，制定安全管理制度，每个相应的部门设置岗位安全责任制；②完善景区安防系统，在游客服务中心的大数据中心增设旅游安全板块，将景区所有的视频信号接入大数据中心，可实时观看或按需调取；③完善对外信息发布平台，可通过在景区核心区域或显著位置树立大型LED显示屏滚动式播放信息，通过微信等新媒体方式向游客手机或其他智能终端推送信息，在游客服务中心或景点休息区设置多媒体终端设备方便游客查询信息等方式来及时向游客推送旅游安全方面的信息。

2. 资源管理

构建自然资源环境监测/监控体系，主要包括气象监测、空气质量监测、水质监测、生物监控等，能对景区内的各类遗产资源、文物资源、建筑景观、博物馆收藏等景观资源运用现代化科学管理手段进行信息化与数字化监测、监控、记录、记载、保护、保存、修缮、维护等，从而便于景观建筑文物数据的查询检索以及面向公众展示。

(二)旅游服务智慧化

通过科学的信息组织和呈现，使游客能够方便快捷地获取旅游信息，帮助游客更好地安排旅游计划和形成旅游决策，同时提高旅游舒适度和满意度，也给游客带来更好的旅游安全和质量保证。旅游景区可分咨询服务、导览服务和购买服务等模块来分别实现旅游服务智慧化，也可通过搭建集成多个服务模块的智慧旅游服务平台的方式来实现旅游服务智慧化。

1. 咨询服务

与传统旅游时代以现场咨询、电话咨询等人工应答为主的咨询服务不同的是，智慧旅游时代的旅游咨询系统采用多种技术手段，把分布在不同地方的服务终端接入到数据中心，通过文字、图片、声音、影像等多种形式，生动地向游客展示旅游景区的自然风光、人文景观、动植物资源、风俗民情和服务设施及服务项目，让游客不受时间、位置的限制，可全天候为游客提供食、住、行、游、购、娱信息的即时查询，同时也具备投诉、调查等旅游信息反馈功能。

2.导览服务

(1)预览功能。在游客服务中心及景区内设置多个智能终端，游客可以通过点击(触摸)具体图标，获得自己感兴趣的景点、酒店、餐馆等的文字、图片、视频资料，甚至还有其他游客的评价等信息，还可以通过提交起点和终点的位置来查询最佳线路，以此作为游客做出决策或者策划旅游线路的参考。

(2)导航功能。现在的主流导航软件都可以为人们提供精准的导航服务，甚至可以基于不同的交通工具来提供不同的线路选择，但这种导航功能即便能在景区游览中使用，也主要是基于景区主要游道的线路导航和方位服务，对于游客可能更需要的景区内部的餐饮、娱乐、购物、停车服务信息甚至洗手间位置信息等却无法提供。智慧旅游是基于现有的电子地图结合手机定位技术发明出的新的手机旅游导航系统，一般以电子地图的形式植入到景区自有的 APP 或者微信小程序中，为游客提供旅途中的帮助。例如方特旅游 APP，用手机或 Pad 等智能终端打开 APP 后，可以在首页界面醒目的位置看到“地图”按钮，点开后有“地图”和“列表”两种选择模式，都能清晰地显示园区主要游玩区域的位置、游玩项目参与者的条件限制、目前参与的人数及需要等待的时间，还可以提供从目前所在位置到你想要参与的游乐项目的导航服务，在地图下方及列表上方还以显著图标标注了演出活动、吃喝、购物、游客服务、洗手间等信息，供有需要的游客查询，还有代步车预定、云排队取号服务等，这对于旅游者来说是非常必要且有意义的服务功能，无疑将极大地提高旅游者在方特各景区的游玩体验度。

(3)导游功能。传统的导游模式主要是人直接进行讲解，而现在随着景区游客量的不断增加，景区的讲解员数量已不能满足游客的需求，特别是在旅游旺季的时候，这种情况尤其突出，所以为了能够缓解这种情形，景区一般除了采用人工进行讲解外，还包括运用电子设备进行讲解，这就是电子导游。电子导游主要是通过运用语音、图文、视频等形式将景区的相关信息展示出来，起到了景区介绍和导览作用，充分使游客在观赏景物时可以更好地了解其背后的文化内涵。电子导游的运用在一定程度上减少了噪声污染，也为景区节约了一定的人力成本，为景区的可持续发展做出了贡献。电子导游经过将近20年的发展，形态多种多样，有免费租借的、感应式语音讲解的电子导游，有需要付费的、可语音讲解也有动画或视频展示的Pad电子导游，还有通过扫二维码就可以直接在手机上听讲解的电子导游，能充分满足不同游客对导览的不同需求。

3.购买服务

购买服务的智慧化主要体现在两个方面：

(1)购买方式的多样化。除了实体店或现场购买外，游客可以在景区官方网站、微信商城、小程序、微博、OTA平台、短视频APP等网络渠道购买门票、游乐项目、餐饮和酒店产品等，可以通过微信、支付宝等扫码支付。

(2)接受在线预订服务，即预约旅游。预约旅游是指游客提前将个人的假期、旅游目的地做好安排，并通过门票预订的方式提前向景区报名，从而有效避免因旅游旺季而造成的线路名额紧张、价格过高等问题的旅游方式。预约旅游在行程追溯、客流管理等方面功能强大，用科技创新提高旅游品质，助力景区提高游客的满足感和幸福感，符合现代化、精细化旅游服务要求的预约旅游制度将有助于实现更加安全、美好的旅游体验。文化和旅游部等十部门联合发布的《关于深化“互联网旅游”推动旅游业高质量发展的意见》提出，加快建设智慧旅游景区，明确在线预约预定、分时段预约游览等建设规范，落实“限量、预约、错峰”要求，2022年国有5A级旅游景区全面实行门票预约制度。预约不代表减少客流，故宫从2011年开始施行网络销售门票，到2015年全面实行预约旅游、当日限流8万人的政策，全年游客总量非但没有下降，反而保持平均每年10%～15%的客流增长。因此，限流只是一种管理手段，目的是均衡客流，给游客创造更好的旅游体验。

(三)旅游营销智慧化

智慧旅游通过旅游舆情监测和数据分析,挖掘旅游资源和游客兴趣点,引导旅游企业策划相应的旅游产品,制定相应的营销主题,从而推动旅游业的产品创新和营销创新。通过对营销渠道的定量分析和判断,智慧旅游可以筛选出效果明显、长期合作的营销渠道。智慧旅游还充分利用新媒体的传播特性,吸引游客积极参与旅游传播和营销。

1.拓宽智慧营销手段

(1)重视旅游景区官方网站建设。过去,许多旅游景区尤其是国有景区的官方网站形同虚设,仅仅是完成"有官网"的任务,没有定期的内容更新和营销功能。在智慧旅游时代,景区官网不仅是重要的宣传窗口,也需要具备旅游咨询、投诉、信息发布、产品销售等旅游服务功能。因此,借助最新的虚拟仿真技术,将文字、图片、影像、声音等资料结合起来,在景区的官方网站上全方位展示景区的资源、景点、娱乐项目等,让游客在官网上就能身临其境般感受景区的环境及产品,在一定程度上也能提高景区知名度,促进景区产品销售。

(2)积极拓展新媒体营销渠道。新媒体涵盖了所有的数字媒体形式,目前较为主流的新媒体有微博、微信及短视频 APP。通过在这些媒体上建立官方账号,安排专人进行运营,定期发布图文并茂的推文或内容丰富的短视频,对景区及其产品进行宣传推广。推文或视频的更新不能间隔太长时间,以保持用户的黏性,还可以通过周期性的线上活动,增强景区与用户的互动交流,提高参与度。

(3)升级景区自营票务系统。通过融合物联网技术、移动通信技术等现代信息技术,实现自营票务系统的全连接,打破系统之间资源信息孤立的局面,实现信息互通,并通过对游客购票信息进行分析,精确掌握游客需求,为精准营销打下基础。

(4)构建一体化旅游电子商务平台。旅游电子商务平台是改变旅游业传统经营模式,为游客提供个性化服务,降低景区运营成本,实现服务多样化、个性化的有效途径。电子商务平台既是旅游服务智慧化的实现途径，也是智慧营销的重要组成部分，通过互联网技术、计算机技术和物联网技术的应用，实现游客食、住、行、游、购、娱的个性化定制及旅游体验的智能化。该电子旅游商务平台即前文中提到的智慧旅游服务平台，由多个服务模块组成，具备景区介绍、旅游指南、旅游预约、门票或产品购买、支付、景区导航等功能，既提高了游客的智慧化体验水平，同时也有助于景区的可持续发展。

2. 开发智慧文旅产品

随着景区的智慧化发展，传统的观光游览模式已无法满足游客在景区体验方面的新需求。景区通过开发数字化文化和旅游体验产品；发展定制、智能、互动等消费新模式，打造沉浸式旅游体验新场景。

3. 开展智慧精准营销

旅游景区应从游客体验需求出发，结合游客来源、人口学特征、旅游消费行为等信息，通过大数据中心进行数据处理，多层次、全方位分析游客的旅游需求，找出景区特色卖点，制定针对性的营销策略。同时，组建智慧营销体系，搭建智慧营销平台，实现景区智慧营销的提档升级，促进游客消费，提高景区经济效益。

参考文献

[1]刘菊湘，李学江．旅游景区盈利模式[M]．西安：三秦出版社．2010．

[2]梁振启．旅行社管理工具箱[M]．北京：机械工业出版社．2012．

[3]阎友兵．经营权转让后的景区运营状况实证研究——以湖南省凤凰古城景区为例[M]．湘潭：湘潭大学出版社．2014．

[4]中国旅游研究院．中国旅游景区发展报告[M]．北京：旅游教育出版社．2013．

[5]杨小兰．A级旅游景区提升规划与管理指南[M]．北京：中国建筑工业出版社．2015．

[6]刘德艳．旅游危机管理[M]．上海：上海人民出版社．2010．

[7]邹统钎．旅游景区开发与管理 第4版[M]．北京：清华大学出版社．2017．

[8]周书云，胡秋红，杨丽春，等．旅游景区运营管理[M]．广州：广东高等教育出版社．2017．

[9]傅清媛．生态文化视角下景区运营与管理模式研究[M]．北京：九州出版社．2020．

[10]董观志，杨成利．景区运营管理[M]．武汉：华中科技大学出版社．2016．

[11]郭亚军．旅游管理系列旅游景区运营管理 第2版[M]．北京：清华大学出版社．2022．

[12]张巧莲．旅游景区开发与运营管理[M]．北京：煤炭工业出版社．2017．

[13]舒伯阳．服务运营管理[M]．重庆：重庆大学出版社．2018．

[14]牟红，刘聪．景区经营与管理[M]．上海：汉语大词典出版社．2011．

[15]徐挺．景区旅游商品开发与管理案例[M]．北京：中国旅游出版

社.2017.
[16]陈波.景区服务与管理 第2版[M].北京:电子工业出版社.2018.
[17]刘传喜.游客参与视角下的景区服务质量管理模块研究[M].南昌:江西高校出版社.2018.
[18]林峰.旅游小镇开发运营指南[M].北京:中国旅游出版社.2017.
[19]马潇,韩英.旅游景区开发与区域经济发展[M].太原:山西经济出版社.2022.
[20]陈蔚辉.饶平石壁山风景区旅游总体规划[M].广州:暨南大学出版社.2018.